历史的丰碑丛书

科学家卷

洞穿宇宙第一人
哥白尼

邹积林　编著

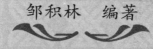

吉林人民出版社

图书在版编目（CIP）数据

洞穿宇宙第一人——哥白尼 / 邹积林编著 . -- 长春：
吉林人民出版社，2011.4（2025.4 重印）
（历史的丰碑丛书）
ISBN 978-7-206-07677-0

Ⅰ . ①洞… Ⅱ . ①邹… Ⅲ . ①哥白尼，N.（1473 ~
1543）—生平事迹—青年读物②哥白尼，
N.（1473 ~ 1543）—生平事迹—少年读物 Ⅳ .
① K835.136.14-49

中国版本图书馆 CIP 数据核字 (2011) 第 037132 号

洞穿宇宙第一人　哥白尼
DONGCHUAN YUZHOU DIYI REN　GEBAINI

编　　著:邹积林
责任编辑:孙浩瀚　　　　　封面设计:孙浩瀚
制　　作:吉林人民出版社图文设计印务中心
吉林人民出版社出版　发行（长春市人民大街7548号　邮政编码:130022）
印　　刷:北京一鑫印务有限责任公司
开　　本:787mm×1092mm　　1/16
印　　张:8　　　　　字　数:72千字
标准书号:ISBN 978-7-206-07677-0
版　　次:2011年4月第1版　　印　次:2025年4月第3次印刷
定　　价:35.00 元

如发现印装质量问题,影响阅读,请与出版社联系调换。

编者的话

"欲知大道，必先为史"。

回溯人类的足迹，人们首先看到的总是那些在其各自背景和时点上标志着社会高度和进步里程的伟大人物。他们是历史的丰碑，是后世之鉴。

黑格尔说："无疑，一个时代的杰出个人是特性，一般说来，就反映了这个时代的总的精神。"普希金说："跟随伟大人物的思想是一门引人入胜的科学。"

以史为鉴，面向未来。作为21世纪的继往开来者，我们觉得，在知史基础上具有宽广的知识结构、开阔的胸襟和敏锐的洞察力应是首要的素质要求，而在历史的大背景中追寻丰碑人物的思想、风范和足迹，应是知史的捷径。

考虑到现代人时间的宝贵，我们期盼以尽量精短的篇幅容纳尽量丰富的信息，展现尽量宏大的历史画卷和历史规律。为此，我们编撰了这套丛书。

编撰丛书的过程，也是纵览历代风云、伴随伟人心路、吸收历史营养的过程。沉心于书页，我们随处感受着各历史时期伟大人物所体现的推动历史进步的人类征服力量。我们随着伟人命运及事业的坎坷与辉煌而悲喜，为他们思想的深邃精湛、行为的大气脱俗而会意感慨、拍案叫绝。

然而，在思想开始远游和精神获得享受的同时，我们也随之感受到历史脚步的沉重和历史过程的曲折。社会每前进一步都是艰难的，都伴随着巨大的痛苦和付出。历史的伟大在于它最终走向进步，最终在血污中诞生了鲜活的"婴孩"。

历史有继承性和局限性，不能凭空创造。伟人也有血肉，他们的思想、行为因此注定了同样具有历史的局限性和阶级的、时代的烙印；他们的功业建立于千千万万广大人民群众伟大创造的基础上。历史是人民群众创造的，伟大的人物们是历史和时代造就的。同时，我们也无法否定此间他们个人的努力。这也正是我们编撰这套丛书的目的。

我们期盼着这套丛书得到社会的认同，对读者，特别是青少年读者之历史感、成就感和使命感的培养有所裨益。史海浩瀚，群星璀璨。我们以对广大青少年读者负责的精神，精心遴选，以助力青少年成长进步，集结出版了《历史的丰碑》系列丛书，敬请读者批评、指正。

人类科学的宇宙观建立的开端至今已有近500年的历史，它的创立者是伟大的波兰人尼古拉·哥白尼。

　　在浩无边际的宇宙中，地球是一个微不足道的行星。它的特殊性在于生命的存在，更在于这种生命的最高形式——人，具有认识宇宙和开发宇宙的能力。

　　哥白尼是第一位站在宇宙的高空俯瞰了我们这个星球的人。他动摇了几千年的信念，开阔了人类的视野。

　　但是，哥白尼却是一位业余天文爱好者。就职业而言，他更是一位尽职的医生、一位优秀的行政管理者、一位具有突出贡献的货币改革家和一位无可挑剔的神甫。

　　在文艺复兴时期的两大发现：日心说和新大陆，是那一时期科学史上的两大丰碑。立于这两座丰碑之上，人类开始了一个向更广大的空间（包括精神空间）迈进的崭新的时代。

目　录

维斯瓦河的太阳

> 对一切来说，只有热爱才是最好的老师。
>
> ——爱因斯坦

由南至北贯穿波兰全境的维斯瓦河宽阔、平静，它把首都华沙、古都克拉科夫以及北方的波罗的海连成一线。在这条大河的下游，有一座美丽的古城——托伦，它因其古老的历史、在近代贸易史上的重要地位和诞生了一位丰碑式的人物而享誉世界。

这一划时代的人物就是伟大的天文学家哥白尼。

公元1473年2月19日，尼古拉·哥白尼出生在一个殷实的商人家庭。父亲不仅是一位能干的商人、还是古城议会的议员，母亲出身名门。哥白尼的外公曾任托伦市议员、后任市议长，是一位很有影响的人物，为了支援反十字骑士团的起义，他把自己的大部分家财贡献出来；1461年，他作为特使晋谒波兰国王，强烈要求波兰国王对十字骑士团采取坚决的战争行动。正是这样一位老人通过他的举止言行教育了自己的孩子们——哥白尼的妈妈和舅舅乌卡什。乌卡什后来担任了瓦尔米亚主教，并成为哥白尼的养育者和庇护人。

哥白尼的父亲生于克拉科夫，后迁到托伦定居，大约40岁的时候，他同哥白尼的母亲结为夫妻。哥白尼在爱国主义、关心国家大事和热心公益事业思想的熏陶下成长起来，这使他将其终生与故乡的事业紧密地联系在一起。

1483年，哥白尼的父亲去世，留下4个孩子。哥白尼最小，当时只有10岁。

关于哥白尼的童年生活，史料中几乎没有什么记载。我们可以想象的是，小哥白尼在夏季来临的时候，透过托伦古城圣安娜街自家小楼的窗口看着维斯瓦河来往穿梭的商船的情景，因为码头不仅距这所房子很近，而且热闹非凡。当时托伦的贸易在中欧已举足轻重，它不仅是波兰及邻近国家匈牙利、德国和斯堪的纳维亚国家的货物转运港，也是英国和意大利的货物转运港。托伦商人的足迹几乎遍及整个欧洲。15世纪上半叶，托伦处于鼎盛时期，是一座强大和富有的城市。少年时期的哥白尼经常看到来自天涯海角的外国人，他们为托伦带来遥远世界的信息，这使哥白尼大开眼界。

哥白尼诞生那年，托伦学校校长是哥白尼的舅舅乌卡什·瓦兹洛德。哥白尼童年时期，托伦学校的校长是

从维斯瓦拉河远眺托伦

一位克拉科夫学院法律系的毕业生。正是在这所学校里，哥白尼首次接触到天文学。远在哥白尼出世之前，这所学校里就有一些教师特别爱好天文学，他们把一些重要的天文学论著带到托伦，并传授给他们的学生。

　　哥白尼是在时代交替时期上学读书的，当时，神职人员已经失去对知识的垄断权，不仅商人们具有很高的文化水平，农民会写字在当时也不算什么稀奇事。在发展教育方面，波兰当时走在欧洲国家前列，平均每千人有一所世俗学校或教会学校。中世纪最后的200年是波兰教育事业大发展时期。在国王卡齐米日·雅盖隆奇克统治后期，全国有4/5的农村都办起了学校，城乡学校总数多达3500余所。正是在如此发达的教育网的基础上，形成了社会共有的大众文化，这对实现民族概念上的国家统一产生了一定的影响，并且为普及文艺复兴时期的文化奠定了基础。

在托伦学校期间，哥白尼学习了四种人文课程，即拉丁文、数学和天文学等。当时几乎没有什么教科书，因为印刷术尚未普及，印刷费用十分昂贵，学生必须把老师讲的东西全部记在脑子里。督促学生学习的工具，就是老师手中的教鞭。起初，学校只教学生祈祷和用拉丁文唱诗所需要的知识，为做弥撒和准确计算宗教节日服务。但实际生活的需要远远超出了规定的范围，于是便出现了一些不是宗教活动，而是世俗事业所需要的新科目。学生除学习中世纪的作品外，逐渐开始接触古典作品，后来又扩大到当代作品。所有这些都是文艺复兴的功劳，而哥白尼正得益于这一"创世纪"的启蒙。

继父亲去世后，母亲的离世完全打破了哥白尼无忧无虑的童年生活。如果说童年的哥白尼是在父母精心的庇护下幸福地生活着，那么从此哥白尼开始了孤儿生活。尽管有舅舅瓦兹洛德的热心养育和有力庇护，但舅舅的威严则使哥白尼较早地成熟起来。

舅舅乌卡什·瓦兹洛德学识渊博，精通权术。他先后毕业于克拉科夫学院和科隆大学，并在意大利博

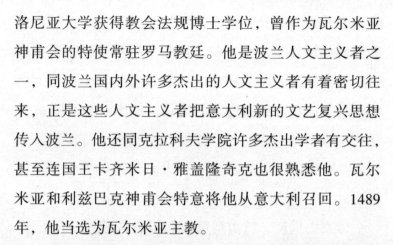

洛尼亚大学获得教会法规博士学位，曾作为瓦尔米亚神甫会的特使常驻罗马教廷。他是波兰人文主义者之一，同波兰国内外许多杰出的人文主义者有着密切往来，正是这些人文主义者把意大利新的文艺复兴思想传入波兰。他还同克拉科夫学院许多杰出学者有交往，甚至连国王卡齐米日·雅盖隆奇克也很熟悉他。瓦尔米亚和利兹巴克神甫会特意将他从意大利召回。1489年，他当选为瓦尔米亚主教。

瓦兹洛德是一位热心的政治家，是文艺复兴时期典型的达官贵人。他过着世俗生活，尤其是作为一位神职人员，他远没有笃信教义的献身精神。他像当时许多教会权贵一样，热衷于当世的荣华富贵。然而，他给人的印象却俨然是一位正人君子，没有人因为布拉涅夫市长是他的私生子而告发他。他自负、清高、固执己见，令人难以接近，性情忧郁、难见笑容。他像其先辈一样，也是一位普鲁士爱国者、十字骑士团不共戴天的仇敌。他曾计划把骑士团从普鲁士大公国迁移到南喀尔巴阡山和多瑙河之间的瓦拉几亚去，让他们到那里同土耳其人和鞑靼人作战，而不是在这里骚扰波兰居民。十字骑士团也经常徒劳地祈祷："但愿这个穷凶极恶的魔鬼早日死掉！"并在罗马教廷作梗，使瓦兹洛德争取被提升为大主教的努力告吹。哥白尼

的许多政治观点是从舅舅那里接受过来的，大概也是舅舅使他增加了对十字骑士团的反感。可惜，瓦兹洛德没能亲眼看到骑士团后来在首都克拉科夫市场上向波兰国王俯首称臣和进贡的情景。他于1512年在故乡托伦去世。他在世时的声望要比哥白尼大许多倍。大约200年后，哥白尼的名望才大大超过舅舅，并使之相形见绌。

母亲去世后，就由舅舅担起了照料哥白尼的义务。舅舅把两个外甥——安杰伊和哥白尼一起带到利兹巴克的主教城堡里，并安排两兄弟到海乌姆诺的学校读书。这是一所当时全普鲁士最好的学校，由来自荷兰的一对兄弟开办。兄弟俩的职业就是办学校和出版书籍，他们希望向青少年灌输改良宗教和道德生活的思想。哥白尼在这所学校里获得了很好的基础教育。同时，生活在舅舅身边，也使哥白尼得到很多指教，并了解了不少有关当时欧洲科学文化中心意大利以及波兰克拉科夫大学的情况。

1491年初秋，19岁的哥白尼与哥哥安杰伊同行，踏上了前往克拉科夫的旅程。从此，哥白尼开始了他持续15年之久的大学时代。大学生活的开始，成了哥白尼一生中的转折点。

中世纪的波兰

12世纪中叶，波兰分裂为几个公国，进入封建割据时期，长达200年之久。瓦迪斯瓦夫一世（Ladislaus I，1314年~1333年在位）统一了大波兰、小波兰、库雅维，于1320年在克拉科夫加冕为波兰国王。卡齐米日三世（Kazimierz Ⅲ Wielki，1333年~1370年在位）又统一了马佐夫舍。但是，西波莫瑞和东波莫瑞还分别为勃兰登堡和条顿骑士团占领。西里西亚则被波希米亚王室占领。1385年，为抵抗十字骑士团的侵略，波兰王国和立陶宛大公国实行了王朝联合，立陶宛大公瓦迪斯瓦夫二世·亚盖洛（Jagiellon）为波兰国王。1410年，波兰——立陶宛联军在格伦瓦尔德战役中，给了十字骑士团以毁灭性打击。1466年，收复了东波莫瑞。

15世纪，在哥白尼出生之前，波兰得到了波罗的海沿岸的部分土地，重新获得通往波罗的海的出口。哥白尼的故乡托伦就是在这个时候划归到波兰的。托伦位于普鲁士地区，普鲁士曾长期处于十字骑士团的统治之下。不堪忍受压迫的普鲁士各界人士，曾于1453年组成联盟，在波兰的帮助下，解放了被十字骑士团占领的土地。这场反抗十字骑士团的战争前后共持续了13年之久，直到1466年，第二次《托伦合约》的签订才宣告结束。自此，十字骑士团臣服于波兰，他们仅保留了普鲁士东部的残余领土，成为波兰的附属国。而包括托伦和马尔堡在内的普鲁士西部地区被划归波兰，称为"王属普鲁士地区"。

哥白尼童年趣事

哥白尼的父亲去世后，他的舅舅乌卡什将他送到托伦圣约翰学校读书，当时圣约翰学校校长的名字叫作杨。后人推断，正是在这所被称为"圣杨"的学校里，哥白尼首次接触到天文学。恰巧的是，哥白尼的一位邻居康拉德·格塞伦也曾担任过"圣杨"学校的负责人，正是他把一些手抄的有关天体的论著奉献给了托伦。无疑这些都对哥白尼喜欢上天文学产生了影响。

小学时代的哥白尼最敬重的一位老师名叫沃德卡。一天，哥白尼去沃德卡家作客，沃德卡不在，

哥白尼便顺手从书架上抽出一本书，打开一看，书中折了角的地方有老师写的一条批注："圣诞节晚上，火星和土星排成一种特殊的角度，预示着匈牙利的皇帝卡尔温有很大的灾难。"

正在这时，沃德卡推门走进来。他见哥白尼在家里看书，高兴地说："孩子，又看什么书了？"

哥白尼毕恭毕敬地把书递过去，老师接过书看了看书名关切地问："能看懂吗？"

哥白尼认真地回答说："老师，我看不懂。火星也好，土星也好，都是天上的星星，他们与卡尔温毫无关系，怎么能预示他的祸福呢？"

"怎么不能呢？"沃德卡反问道，"命星决定一切！"

哥白尼听了，大声反驳说："如果是这样，那人还有没有意志？如果有，人的意志和天上的星星又有什么关系？"

对于哥白尼尖锐的反驳，沃德卡老师并没有生气，他明白，信不信天命是关系到天文学命运的重大问题。对于这个问题，他对传统的偏见有过怀疑，但又说不出道理。沃德卡踌躇再三，深情地对哥白尼说："孩子，天命决定一切，这是几千年以来的一条老规矩，我不过是拾前人的牙慧罢了。至于你提出的问题，确实很有意思，但我没有能力回答你，你如果有毅力的话，以后研究吧！"老师的殷切希望，几十年以后变成了现实。哥白尼日后创立的"太阳中心说"伟大真理，宣告了"天命论"的彻底灭亡。

《圣经》与文艺复兴

在圣约翰学校期间，哥白尼是和他的哥哥尼古拉·安杰伊一起读书的。哥白尼上学读书的年代，正处在政权和宗教权力合而为一的政治制度下，罗马教廷控制了许多国家，天主教会垄断全部知识教育，用封建神学统治人们的思想，压制科学研究，文化陷入低潮。那时，《圣经》被宣布为至高无上的真理，凡是违背《圣经》的学说，都被斥为异端邪说，凡是反对神权统治的人，都被处以火刑。

公元14~16世纪，新兴资产阶级为了发展资本主义和追求生活享受，要求在意识形态领域展开反对教会的运动，于是掀起了一场反对封建制度和教会迷信思想的斗争。首先在意大利佛罗伦萨迸发出一股资产阶级文化新潮流。许多知识分子借助于古

基督教《圣经》包括《旧约全书》和《新约全书》

希腊、罗马的古典文化，从各个方面冲击教会的束缚，建立资产阶级人文主义的世界观。这就是震撼欧洲的"文艺复兴运动"。15世纪后期，文艺复兴运动扩大到欧洲其他一些国家，16世纪达到高潮。

文艺复兴运动集中体现了人文主义思想，主张个性解放，反对中世纪的禁欲主义和宗教观。它提倡科学文化，反对蒙昧主义，摆脱教会对人们思想的束缚。并肯定人权，反对神权，屏弃作为神学和经院哲学基础的一切权威和传统教条。同时拥护中央集权，反对封建割据。人文主义者们使用的战斗武器，就是未被神学染污的古希腊的哲学、科学和文艺。

当时，哥白尼所在的圣约翰学校里开始出现了一些文艺复兴的迹象，他的人生，正经历了文艺复兴运动的高潮。文艺复兴运动的结果，不仅造就了欧洲近代文学和艺术的繁荣，而且也造就了一批时代的巨人，哥白尼便是其中最伟大的一位。

小哥白尼的志向

来到舅舅乌卡什家后，哥白尼兄弟俩开始到海乌姆诺的弗洛克拉维克教会学校读书，他的姨妈和姐姐们也在海乌姆诺居住。弗洛克拉维克教会学校被认为是当时最先进的，所以哥白尼在这所学校里能够获得很好的基础教育，并为以后上大学作了必要准备。

进入弗洛克拉维克教会学校读书后，哥白尼仍旧喜欢观察天象。一次，在舅舅家中他独自仰望繁星密布的夜空，哥哥安杰伊见了不解地问他："你整

夜守在窗边，望着天空发呆，难道这表示你对天主的尊敬？"

"不，哥哥，我是在观察天象，想探寻天上的奥秘。"哥白尼解释说。"什么？你要管起天上的事情？天上的事有神学家操心，我们怎能去干预！"

哥白尼回答说："我要一辈子研究天时气象，叫人们望着天空不要害怕。我要让星空跟人类交朋友，让它给海船校正航线，让它给水手指引航程。"

"不听我的劝告，这一辈子你可有罪受了！"哥哥以教训的口气厉声说。

"我主意已经打定，什么都不怕！"哥白尼斩钉截铁地说。

舅舅乌卡什的辛勤培育，使哥白尼兄弟俩顺利地读完了小学、中学等课程。中学时，哥白尼还曾在老师的指导下，制造了一具按日影以定时刻的日晷，初显了他在天文学方面的才华。

晨风拂面（克拉科夫岁月）

> 最难得的是勇气，是思考、怀疑和创造的勇气。
>
> ——作者题记

克拉科夫学院，后改称雅盖隆大学，在哥白尼时期已经名闻遐迩。它是国王卡齐米日·维尔基于1364年创办的，是继布拉格大学后在中欧创办的第二所大学。在这里读书的不仅有波兰籍学生，更有匈牙利人、西里西亚人、德国人和捷克人。

哥白尼在这里度过了4年大学生活。在克拉科夫，他接触了许多深受国内外敬重的学者。无数外国人来到这里，带来了外部世界的消息。尤其是受欢迎的意大利人，他们常常为克拉科夫带来新的风俗和时尚，为渴求知识的人带来新的世界观和人生观。哥白尼懂拉丁语，很容易同操着各种语言的外国人进行交谈。拉丁语在当时几乎是世界性的语言，不仅神职人员，贵族也使用它。哥白尼的拉丁语很好，早在托伦读书时，就打下了良好的基础，后来在海乌姆诺又得到进

克拉科夫古城至今保持着700多年前的模样

一步提高。而与舅舅一起参加的社交活动，则使他的拉丁语达到了娴熟的程度。

　　克拉科夫学院以巴黎大学为榜样，有着严格的章程和校规。学院院长由教授选举，由教授担任，院长拥有绝对尊严和最高权力。学院规定，大学生见到院长要脱帽屈膝致敬，在举行宗教仪式或其他集会时，院长甚至走在红衣主教前面，这充分体现了人们对科学的尊重。

　　哥白尼就读的人文学系，是克拉科夫学院人数最多的系。只有获得硕士学位和起码教过两年课的，并且是法律、神学或医学这样的一些高级系毕业的学生

才能成为该系的正式教员；只有从事教学工作满4年的人才有资格担任该系的系主任，每位讲师必须教授两门课程，学生为了通过期末考试，每天起码听上两堂课；而为了获得最低学位——学士，起码用两年时间读完11门课；并且要学会分析亚里士多德的作品（从综合性大学问世起，亚里士多德的作品就一直被作为大学不变的教材）。此外，还必须精通拉丁语法和修辞学，掌握异常复杂的教会历法和准确计算日期不固定的宗教节日。要想获得更高的学位，譬如硕士学位，必须在38个月内学完亚里士多德的9本著作，如《伦理学》、《物理学》和《形而上学》等。此外还要学习天文学、星占学、算术和乐理知识，这是学习神学和法律学之前必须做的艰苦的准备工作。学院每周举行一次答辩会，攻读硕士学位的学生必须表现出足够的辩论才干才能通过答辩。事实上，只有很少一部分学生能最后坚持到底。

哥白尼在此读书的时候，正值人文主义者对这所大学影响最盛时期的尾声。1491—1494年哥白尼亲身经历了人文主义者同其政敌之间，以及近代世界观、科学观、社会秩序观的代表同中世纪卫道士之间的尖锐思想斗争。作为2000多名大学生中的一员，哥白尼耳濡目染着这纷繁复杂的思想，更使他终身受益的是

　　亚里士多德（公元前384年—公元前322年）：古希腊斯吉塔拉人，世界古代史上最伟大的哲学家、科学家和教育家之一。是柏拉图的学生，亚历山大的老师。公元前335年，他在雅典办了一所叫吕克昂的学校，被称为逍遥学派。马克思曾称亚里士多德是古希腊哲学家中最博学的人物，恩格斯称他是古代的黑格尔。

受到的数学和天文学教育。毕业离校以后，有好多年他一直同该校的某些老师和同学保持书信往来，并同他们就困惑自己和当时知识界的一些问题展开过长时间的探讨和辩论。

然而，对哥白尼影响最大的莫过于克拉科夫大学的数学和天文学教授——沃伊切赫。他是一位杰出的学者和人文主义者，是当时欧洲最著名的天文学家。他善于把学生的数学爱好同天文学以及人文主义结合起来，他的兴趣并不限于所教授的专业，他是一位视野开阔、知识渊博的学者，富有特殊的教学天才。他的名字吸引了很多渴求知识的波兰青年和外国青年，而哥白尼正是他最得意的学生。他唤起了哥白尼对天文学的终生兴趣，正是这种兴趣导致哥白尼发现了地球围绕太阳旋转这一伟大真理。对于哥白尼来说，沃伊切赫不仅是学者和人文主义者的典范，也是富有公民道德、爱国主义和其他各种美德的楷模。这位优秀人物影响了哥白尼的整个人生，是他最早在年轻的哥白尼的心灵深处播下怀疑的种子，使哥白尼敢于怀疑当时普遍公认的法则，也正是这种怀疑进一步激励哥白尼实现了具有划时代意义的发现。

月亮的轨道并不像以前人们说的那样圆，它实际是椭圆形的——这项异常重要的发现就是沃伊切赫的功劳。他向学生们解释说，地球的卫星总是用一个面对着地球，这是他对月亮进行多次观察得出的结论。毫无疑问，哥白尼如饥似渴地倾听了沃伊切赫讲授的全部课程，积极参加了各种学术活动，并发表过令人瞠目的不同见解。1493年，他同沃伊切赫观测了两次月食和一次日食，从那时起哥白尼就踏上了创建自己理论的征程。沃伊切赫无疑是最早发现了这位在专业学习上博采众长，具有特殊洞察力的学生。

→哥白尼用来观察天文的仪器

可惜，1494年，沃伊切赫突然中断教学工作，踏上了直接为国家政权服务的岗位。他受红衣主教、国王胞弟之命，在大学告了一年假，出任立陶宛大公、波兰王位继承人亚历山大的私人顾问和大公国宫廷秘书。更可惜的是，他到立陶宛一年后就去世了，这对于克拉科夫学院和波兰人文主义者，对于哥白尼及他的热心于天文事业的同学们，都是一大损失。

促使哥白尼对天文学产生巨大兴趣的另一方面原因，是社会对天文学的需要。当时，社会生活非常需要天文学家。教会需要天文学家准确地计算所有不固定节日在具体年份的准确日期，需要编制日历和从事异常复杂的时间统计工作；小市民、农民也依靠天文学家做出各种时令和天气预报；在天文学和星占术还没有以科学的界线相分离的时候，事先不请教星占学家，任何一位军事指挥官甚至不肯做出重要的军事决定。

中世纪末期，天文学在某些领域已开始逐步摆脱星占术的混沌状态，随着远洋航行的发展，借助观察星宿导航方面经验的积累，也促进了天文学的进步。正当哥白尼在克拉科夫学院二年级读书时，哥伦布发现了新大陆。哥伦布之所以能获得成功，也因为他使用了像指南针这样新的测星仪器。发现美洲大陆的消息迅速传到克拉科夫，这不仅引起人们的极大兴趣，也启发人们去验证当时一直信奉的某些学说，包括天文学理论。

同时，哥白尼又得地利之便，因为天文学专业在克拉科夫学院有着悠久的历史。早在1459年，克拉科夫学院天文学专业之父马尔顿·克鲁尔就私人出资创办了专门的星占学系，而同时期国外开设有类似专业的大学为数很少。

需要强调的是，哥白尼的天文学知识不仅来自课堂，学习古典作家的作品，也使他受益匪浅。爱好文学，这在15世纪初已成为克拉科夫大学的一种优秀传统。在克拉科夫期间，哥白尼广泛地阅读了古典文学作品，其中包括亚里士多德和柏拉图的著作。正是在这些作品中，哥白尼看到了不同于当时公开宣扬的，普遍信奉的，以托勒密学说为基础的天文学观点。不止一位古典作家以文学形式隐晦地提出：太阳是行星体系的中心，其他所有行星，其中包括地球，都围绕太阳旋转。

哥白尼甚至深入学习了托勒密的一篇论文，这篇论文综合地阐述了有关天体运动的知识。尽管他对托勒密的著作十分尊重，但还是发现其中存在矛盾，尤其是地球中心说更是漏洞百出。这个学说认为，地球处于宇宙的中心，其他所有行星和太阳都围绕地球旋转。这种理论未能使哥白尼信服。他阅读的古典作品中提出，对行星的运动还可以有不同于托勒密学说的其他解释。为了解开萦绕心头的这个谜，哥白尼懂得，

克罗狄斯·托勒密（约90年—约168年）：又译托勒玫或多禄某，相传他生于埃及的一个希腊化城市赫勒热斯蒂克。古希腊天文学家、地理学家和光学家。托勒密写下一系列科学著作，其中，《天文学大成》，又称《至大论》或《大综合论》，主要论述了他所创立的"地心说"，认为地球是宇宙的中心，且静止不动，日、月、行星和恒星均围绕地球运动。他是世界上第一个系统研究日月星辰的构成和运动方式并作出成就的科学家。此书被尊为天文学的标准著作，直到16世纪哥白尼的"日心说"发表，"地心说"才被推翻。

必须深入学习，而首先要认真观察测量和积累经验。哥白尼生活的时代，刚好存在着一种有利于对问题进行怀疑和探索，以便修正或推翻现行学说的气氛。克拉科夫的知识界就有这么一种气氛，这种气氛给人以认识世界的无限能量。

1495年上半年，哥白尼离开克拉科夫，来到住在瓦尔米亚的舅舅身边。这时他已完成人文学系初级阶段的学习，但为什么没有继续学习，原因不甚清楚，很可能是主宰他命运的舅舅特意把他召了回去。

哥白尼怀着恋恋不舍的惜别心情同克拉科夫告别。在克拉科夫，他丰富了自己的天文学知识，具有了许多独到、精辟的观点，并且同人文主义结下了不解之缘。哥白尼离校不久，激进的文艺复兴运动走向衰退，一些对大学乃至整个克拉科夫知识界具有关键影响的人物也陆续离去，许多杰出人物漂流海外。但文艺复兴运动给人们的影响却是深刻的，哥白尼在此后数十年中的伟大发现正说明了这一点。

相关链接
XIANGGUAN LIANJIE

沃伊切赫对哥白尼的影响

哥白尼在大学读书期间，沃依切赫·勃鲁泽夫斯基教授唤醒了他对天文学的莫大兴趣。沃依切赫·勃鲁泽夫斯基教授学识渊博，治学严谨，曾编制天文历表，他就在克拉科夫大学讲课，是哥白尼求学时的数学和天文教授。他对亚里士多德和托勒密的天文学说有很深的研究。虽然勃鲁泽夫斯基基本上是一位托勒密的信奉者，但他对托勒密的地心体系的某些细节也产生过怀疑，例如他认为水星和月球的本轮中心所形成的均轮应当是椭圆轨道，而不是托勒密所说的正圆轨道。勃鲁泽夫斯基的天文学课程讲得生动、活泼，既有知识性，又有趣味性，正是这些深深吸引了哥白尼。哥白尼无论是课上或课下，都经常去向勃鲁泽夫斯基请教，并跟随他学会使用了很多天文仪器。

勃鲁泽夫斯基同哥白尼的舅舅乌卡什一样，也是一位人文主义者。克拉科夫大学里经院哲学派和人文主义学派的斗争非常激烈，两派的学生经常进行面对面的辩论，甚至因为争吵而使矛盾激化，在大街上发生格斗。哥白尼由于一方面受到文艺复兴的影响，另一方面受到一些知名人文主义者的影响，使他的思想进一步解放开阔起来，令他在那时起就下决心献身于天文学的伟大事业。他搜集、阅读和研究了大量有关天文学和数学方面的书籍，并在书中空白处做了详细的注释。保存下来的书籍中，还

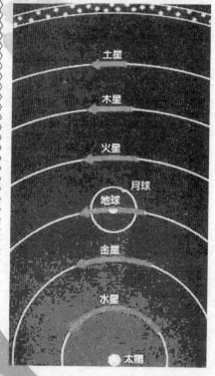

粘贴着他的演算草稿。哥白尼在学习期间还利用"三弧仪"和"捕星器"观测月食和天体运动，据史料记载，他的"日心说"思想就是在这个时期萌生的。

哥白尼的"日心说"

中世纪星占术

星占术的基础是天文观测，古时人们都认为天地人之间有着某种特殊的联系，从而通过对星星运行的轨迹规律与现世发生的事情的总结归纳找到所谓的两者之间的关联性，并将之系统化，这就成了星占术的理论。

中世纪星占学两大类型的主要区别——军国星占学预言国家大事，生辰星占学预言个人祸福。后者在西方占据统治地位，成为主流；但是从中世纪晚期开始，前者也找到更多机会得以有所表现。此外，沟通这两者的桥梁也不是没有，因为显然，对于帝王重臣个人命运的预言，在很大程度上也就是对国家大事的预言。各种各样预言的满天飞舞，构成中世纪欧洲星占学活动的景观之一。

关于某次战役的胜负、某某国王的死期、某某王位继承人的命运(这场战争的直接起因就是关于法国王位继承的争执)等，各种预言层出不穷。这些预言当然失败和成功者皆有之；而即使是成功的预言，有时也是星占学家表述预言时用模棱两可的技巧，或者"事后诸葛亮"式的附会所致。

直至公元14世纪末，欧洲各国的宫廷仍在相当大的程度上依赖星占学家而运作。各地的宫廷无不如此。君主们需要星占学家的智慧和预言，他们让星占学家提供咨询，充当顾问，甚至直接参与机要，委以重任。与希腊化时代和罗马帝国时代相比，星占学家和他们的星占学，在政治上、社会上和知识体系中的地位，都没有下降，甚至还颇有上升。

哥伦布发现新大陆

中世纪欧洲星占学活动

　　1492年8月3日，哥伦布受西班牙国王派遣，带着给印度君主和中国皇帝的国书，率领三艘百十来吨的帆船，从西班牙巴罗斯港扬帆出大西洋，直向正西航去。经70昼夜的艰苦航行，1492年10月12日凌晨终于发现了陆地。哥伦布以为到达了印度。后来知道，哥伦布登上的这块土地，属于现在中美洲加勒比海中的巴哈马群岛，他当时为它命名为圣萨尔瓦多。1493年3月15日，哥伦布回到西班牙。此后他又三次重复他的向西航行，又登上了美洲的许多海岸。直到1506年逝世，他一直认为他到达的是印度。后来，一个叫作亚美利哥的意大利学者，经过更多的考察，才知道哥伦布到达的这些地方不是印度，而是一个原来不为西方人知的大陆，哥伦布到达了西方人认为的"新大陆"。但是，这块大陆却用证实它是西方人认为的"新大陆"的人的名字命了名：亚美利加洲。至于谁最先到达美洲，因为美洲土著居民本身就是远古时期从亚洲迁徙过去的，亚洲、大洋洲的先民航海到达美洲也是极为可能的，虽然这些不能改变哥伦布到达新大陆的影响，但最早发现美洲大陆的不是哥伦布。印第安人，又称美洲原住民，是除爱斯基摩人外的所有美洲土著居民的总称。美洲土著居民中的绝大多数为印第安人，本来分布于美国各地，是东亚蒙古人种美洲支系。

哥伦布（约451年—1506年）：意大利航海家，先后4次出海远航发现了美洲大陆，开辟了横渡大西洋到美洲的航路，证明了大地球形说的正确性。促进了旧大陆与新大陆的联系。另有俄亥俄州首府以哥伦布命名。

沐浴季节（意大利岁月）

沃土生金。

——作者题记

哥白尼在瓦尔米亚只停留了一年，1496年夏天，他再次踏上求学之路，这一次他来到了地中海北岸，文艺复兴的发源地意大利的一座文化名城博洛尼亚。

从某种程度上说，哥白尼能留学意大利主要是舅舅瓦兹洛德根据个人需要决定的。他指望对外甥的智力投资将来会得到加倍的报答，他期望外甥能成为忠实于他本人的，具有最高学识的顾问、法律学家和律师。但他没有想到的是，哥白尼在实现了他的所有愿望之外，更对人类做出了不朽的贡献。

当时的意大利已成为欧洲重要的科学和文化中心。佛罗伦萨和威尼斯的经济发展，已大大地改变了古罗马帝国自衰败以来的苍老容颜。随着国家的繁荣昌盛，人们普遍怀念强大的罗马帝国统治世界的日子。怀古之情掀起了学习古典作品的热潮，人们对古老建筑的遗址也发生了兴趣，并且开始广泛收集被遗忘了的古典艺术品，这就是文艺复兴运动的发端。文艺复兴时期新潮流派感兴趣的首先是人，人的本性和人的尘世生活。他们抛弃了中世纪的观点，即人在尘世间的生活仅仅是争取到天上永生的手段的陈腐思想。这场重新确立人的价值和人格尊严的运动也促使科学发生了根本性的变化，中世纪的神学已不再是科学的归宿和知识的核心，学者们开始借助理智和经验从事科研工作。不仅如此，人们还常常在那些被遗忘的作品中找

　　博洛尼亚大学：是西方最古老的大学，建立于1087年，至今已有900多年的历史。它坐落在意大利的博洛尼亚城的赞鲍尼大街33号，各个学院分落在市区的各处，学校的使用面积大约有35万平方米。

到有助于他们加深信念或者能为他们指明进一步探索之路的观念。

新思想擎起一片蓝天。文艺复兴时期的意大利充满了诱惑和感召力，早在哥白尼之前的三个世纪中，波兰人就开始在这片热土上求学。在哥白尼生活的时代，凡是物质条件允许的波兰人，都争相翻越阿尔卑斯山到意大利求学深造。

哥白尼读书期间，尽管意大利正处于1492年到1559年各城市之间和各大家族之间纷争的战争时期，但博洛尼亚的大学生活空前活跃。学术辩论十分盛行，许多有才华的人文主义者和艺术家纷纷涌现，他们再次激发了哥白尼对科学和古典文学的巨大热情。哥白尼在博洛尼亚学习了法律、数学、天文学和希腊语，其中最使哥白尼着迷的是欧几里得和阿基米德这样一些希腊学者的著作。

当时认为，最理想的是掌握三种古典语言：拉丁语、希腊语和希伯来语，除希伯来语之外，哥白尼对前两种语言都非常精通。在学习古典文学大师的潮流中，他对菲洛拉奥斯和阿里斯塔克的著作特别感兴趣。这些著作动摇了教会从公元2世纪以来一直承认和支持的托勒密的地球中心说。他甚至把泰奥菲拉克特·西莫卡塔这位古雅典人的书信集出色地翻译成拉丁文，

　　阿里斯塔克（公元前315年—公元前230年）：萨摩斯人（爱琴海萨摩斯岛）。古希腊第一个著名天文学家。他是历史上最早提出"日心说"的人，也是最早测定太阳和月球对地球距离的近似比值的人。阿里斯塔克认为，地球每天在自己的轴上自转，每年沿圆周轨道绕日一周，太阳和恒星都是不动的，而行星则以太阳为中心沿圆周运转。这是古代最早的朴素日心说思想。

并于1509年在克拉科夫出版。

在全体基督教徒的节日，亚历山大六世教皇宣布的和平之年——1500年临近的时候，哥白尼于复活节前夕来到罗马。这时的哥白尼已经有比较大的名望了，在朋友的组织下，哥白尼做了一次特邀的数学公开演讲。听众除了罗马的大学生外，还有科学界、宗教界和政界的一些知名人士。在罗马，他的另一个收获是结识了当时欧洲知识界的许多名流和他的同胞，其中包括克拉科夫学院院长马切伊和大学同学彼得·托米茨基，托米茨基后来成为齐格蒙特·奥古斯特统治时期波兰的副首相兼外交大臣。

1501年7月，哥白尼回到弗龙堡神甫会，但他心里仍然期待着能获得继续学习的机会。经神甫会许可，决定哥白尼再次前往意大利学习两年医学，但有一个条件，那就是学成后要担任主教和弗隆堡神甫会神甫们的专职医生。

在舅舅的精心安排下，哥白尼已经成为瓦尔米亚主教区的神甫。这为哥白尼这样一个破产商人的儿子提供了重要的社会晋升、继续求学和发展个人科学爱好的机会。波兰历史上曾有不少市民子弟借助宗教外衣去享受神职人员的特权，并利用这一特权从事自己的事业。因为当时波兰对科学和艺术的庇护是有限的，只有为数极少的人才能得到这种庇护。但在另一方面，这种庇护又是有条件的，即你必须在很多方面服从教会的意志。

这次他选择了欧洲最有名的帕多瓦大学就读，许多著名的医学专家在这所大学任教，但这所大学没有单独的医学系，只是在人文学系中有一个医学专业。该系的系主任是极有影响的《论灵魂的不朽性》一书的作者庞波尼乌斯，他要求赋予学者以研究宗教教义的权利，这在当时是非常大胆的主张。毫无疑问，这位系主任的观点十分符合哥白尼的想法。在这种气氛中，哥白尼能够公开地发展自己的爱好，并大胆地创立和发展自己的学术理论。

中世纪的医学包含着许多神秘的魔法和巫术，而它依靠的首先是宗教的威望。同人文科学相比，医学科学是落后的，这在很大程度上是轻视尘世生活的结果。许多世纪以来，人们一直把生病看成是天命，是上帝的惩罚，甚至还认为是上帝的恩赐。为此，认为最有效的药物是向造物主及其圣徒祈祷。同时，以教会权威为支柱的医学教学工作一直是以盖伦和希波克拉底的著作为基础的。但非正式的科学研究工作则像潜流一样一直悄悄地发展着。这种科学研究丰富了人们的医学知识，纠正了许多错误的观念。以草药为主的民间医学和通过尸体解剖实现的许多革命性的发现，极大地促进了医学的发展。

哥白尼生活时代的医学同星占术有着十分密切的联系。当时人们相信，星宿的变化对人的健康有很大影响，有许多药物的使用方法要按天空中星宿的位置来决定，这对于正在学习医学的哥白尼来说，正是从事天文观测和研究的好机会。把医学学习同发展天文爱好结合起来，这是当时很典型的现象，甚至是必须的。

在意大利期间，哥白尼进行了大量计算工作，反复核算了各种历法，记录了大量天象材料。在克拉科夫学习时，他已经掌握了计算时间和推算日历的繁琐技术。现在，随着数学知识的增长，他进一步完善了这些技术。这一时期，他也了解了埃及和中国的历法，因为是东方学者首先开始研究天文学的，其次才是巴比伦人、希腊人。巴比伦人计算了行星运行中不同时期所用的时间，进行了黄道划分，对星体进行了编组，发明了早期的天文仪器；埃及人把昼夜划分为24小时，确定了一年的长度，提出了各月份的名称，发明了计算时间的滴漏；希腊人吸取了埃及的经验，但却不赞成他们有关太阳在行星中起中心作用的理论，同时也忽视了埃及人的观察结果，即金星和水星是围绕太阳旋转的事实。哥白尼在了解天文学历史的时候，不可能不发现这些不一致的、甚至是前后矛盾的现象。巴比伦教士早就指出过：太阳的力量使行星悬在空中不停地运动，并且影响着一年的四季变化和天气变化；公元前5世纪的希腊哲学家阿纳克萨戈拉曾经得出结论：月亮是被太阳照亮的一个黑暗的固有实体；阿里斯塔克也认为：地球可能是围绕着自己的轴心和围绕太阳旋转的；巴比伦人塞洛伊斯科认为这两种运动都是被证明过，是肯定的。这些最古老的理论要比此后直到哥白尼时代人们想出的所有理论都更加接近真理，然而，这些观念被托勒密推翻了，他定住了地球，转动了太阳，近1500年的时间，天文学以他的理论为基础。作为符合圣经的理论，托勒密的学说得到教会的支持，具有法定的威严，任何人违背这一学说就可能引起最高当局的狂怒，这可能连生活在公元2世纪、博学多才的托勒密本人都无法想到。

托勒密时代开始以来，先后有许多学者试图推翻他的学说，但在压力面前，任何人也未能达到这一目的，中世纪的阿拉伯学者和犹太学者也对托勒密的理论产生过怀疑。15世纪，作为哥白尼直接先驱的最杰出的天文学家，如约翰·米勒·列告蒙坦、耶日·普尔巴赫、沃伊切赫、马里亚·迪诺瓦拉等，他们都是

天文学领域的革新者，他们找到了计算时间的准确方法，把天空变成了一只完美的表。在人类设计出带秒针的机械表之前，他们的"天文钟"是最精确的。

在清除天文学的陈旧垃圾方面，哥白尼的先驱们做了许多工作，但实现科学革命的主要担子却落在了哥白尼的肩上。在大学就读时，哥白尼基本掌握了当时人们所揭示出的天文学的所有奥秘，但最终完成这项科学革命，却使他付出了近40个春秋。

在意大利多年的留学期间，哥白尼曾游览参观了意大利许多著名的城市，为他增长了不少见识。通往北欧商道的德国纽伦堡仪器制造中心，集结了一大批技术高超的制造专家和手工艺人。哥白尼在这里特意拜访了著名的天文学家及天文仪器制造家瓦特尔，瓦特尔制造的仪器其精密程度驰名欧洲。

1506年秋天，哥白尼带着渊博的知识和丰富的科学经验，从意大利回到了祖国。他获得了当时能够获得的最高教育，拿到了舅舅期待的法学博士学位（1506年5月31日获得）。更重要的，在7年的留学生活中，他已经把学者的理想和人文主义的愿望融为一体，并形成了注重实验、锲而不舍，从不迷信任何权威的科学精神。所有这些，都预示着波兰复兴的黄金时代的最大骄子、一个科学巨人的诞生。

古代社会的天文学成就

在以农业为主的古代社会里，人们要想搞好农业生产，就必须做到正确掌握天象运行的规律，精确地测定一年四时的长度等等。而要做到这些，又必须对天象进行长期的观察和定期的记录。这样，就促使人类的祖先对天象进行更为深入细致地研究，从而产生了天文学说。

在中国，远在传说中的尧舜时代，公元前2300年至公元前2200年，我国的劳动人民就注意到每天黄昏时，在南方天空分别看到鸟、火、虚、昴等四宿的出现，以之为根据就可以确定仲春、仲夏、仲秋、仲冬这四个季节。到了殷代，公元前18至公元前12世纪，我国就已经有了日食的记录和简单的计时制度。

世界上天文学发达最早的国家是古巴比伦，在今天的伊拉克地方，公元前3000年时，那里的文化已经有很大的发展。他们注意观察的是新月，一经看到新月在黄昏时出现在西方，即吹响号角，报告另一个月的开始。他们也不断地观察行星的运动，特别记录下它们彼此接近或和亮星接近的时刻。他们更是要寻找拖着尾巴的彗星，因为古人把彗星当做是灾祸的征兆。他们也注意观测日食和月食。但他们对天象的观察，并不是出于他们的好奇心或者对科学有什么兴趣，而是因为他们想从天象上去推测人事的吉凶。就是这类占星术的需要，从而推动了真正天文学的发展。

古巴比伦人利用月相，精密地测定了一个月的长短。他们注意到太阳、月亮和行星在天空中运行的轨迹都在一个大圆圈的附近。他们把这一带分为十二个等分，并以其附近的星座去命名。而古希腊人继承古巴比伦人，他们把这一带叫黄道带，这十二等分叫作黄道十二宫，一年内太阳要经过这十二宫。古巴比伦人已经发现太阳、月亮与行星在黄道带内运行的速度不是均匀的，他们将这些天体在各宫内运行的速度列表记录下来，这便是最早的行星理论。

在古代埃及，农业生产与尼罗河泛滥有着密切的关系。人们通过长期的生产实践发现，每年当太阳和天狼星同时出现在地平线的时候，过了两个月，

尼罗河水便开始泛滥。因此，古埃及人把太阳和天狼星同时升起之日定为一年的开端。

古希腊的天文学成就

公元前8世纪到公元前6世纪期间，在巴尔干半岛南部、爱琴海群岛和小亚细亚的地中海沿岸一带，一片海陆交错、山峦重叠的地方，形成了古希腊奴隶制的城邦国家。到了公元前5世纪左右，古希腊城邦出现了历史上前所未有的经济繁荣，商业、手工业和航海事业都相当发达。在经济发展的同时，古希腊人还创造了高度发展的古代文化，在文学、艺术、哲学及科学等很多领域内都取得了卓越的成就。

古希腊人首先用数学的理论去考虑天文的问题，哥白尼继承了他们的传统，并跨进了一大步，才窥破了宇宙的真相。古希腊的唯物主义哲学和辩证法的思想也是在这个时期产生的。毕达哥拉斯及其学派从探讨物质世界的本质这种自然哲学的立场出发，创立了数原主义学说，即毕达哥拉斯主义。毕达哥拉斯主义认为：万物皆数，数即万物。从这种数原主义的立场出发，他们认为10是最完美的数，圆是最完美的形，而球则是最完美的体。根据这种数学信仰，毕达哥拉斯学派提出了大地、天体以及整个宇宙都是圆球的假说，同时也相应地提出了天体运动都是匀速圆周运动的假说。

按照这种假说，既然天体运动是圆周运动，那么整个宇宙就必然有一个中心。在什么是宇宙的中心这一问题上，毕达哥拉斯学派发生了分歧，其中有些人提出了地球环绕中心火球运动的假说，而另外一些人则提出了地球是宇宙的中心的假说。可见，在古希腊初期的毕达哥拉斯学派那里，无论是最初的日心说，还是最初的地心说，都只是从毕达哥拉斯主义出发的一种自然哲学理论。

到了古希腊的雅典时期，出现了毕达哥拉斯主义的一个杰出追随者亚里士多德。亚里士多德在研究毕达哥拉斯学派中的最初的地心说的基础上，综合当时天文学中的一些观测资料，提出了一个较为系统的地心学说，即亚里士多德的地心体系。亚里士多德的地心体系认为，大地是一个有限的球体，即地球。天体也是一个有限的球体，即天球。地球处在天球的中心，天球本身又分为月球天层、太阳天层、金星天层、水星天层、火星天层、木星天层、恒星天层及原动力天层等不同的同心天层。天层的七层以内，每一层都居住着一个环绕地球运行的天体。第八层是不动的恒星天层，第九天层是作为天体运动动力的原动力天层。

如同毕达哥拉斯学派最初所主张的那样，亚里士多德也认为有被称为"对地天层"的第十天层。由此可见，亚里士多德的地心体系是毕达哥拉斯学派中的地心体系的继续和发展。所不同的是，亚里士多德认为，天球与地球的组成元素是不同的。地球是由水、火、土、气四种元素组成的，而天球则是由第五种元素，即地球上没有的神圣元素"以太"组成。这样，亚里士多德就描绘出了人类科学史上第一幅比较完整的宇宙图景，即以"水晶球"概念著称的亚里士多德的地心体系。

亚里士多德以后，古希腊数学家欧几里德在他的《几何原本》中建立起了一个系统的演绎几何学体系，为天文观测和计算提供了有力的数学工具。继欧几里德之后古希腊的另一位数学家阿波罗尼，在研究圆锥曲线的基础上，最先提出了本轮和均轮的学说。本轮和均轮学说是一种用以解释天体运动的以圆周运动为基础的几何结构。此后，阿波罗尼的这套几何结构为古希腊另一位天文学家希帕克所继承和发展。希帕克用一个固定的偏心圆轨道解释太阳的视运动，用另一个移动的偏心圆轨道解释月球的运动，而行星的运动则以各自的本轮、均轮系统来解释。这样，由阿波罗尼最先提出的本轮和均轮体系，就被希帕克较好地用以解释了人类所观察到的天体的视运动现象。因此，到了古希腊后期，地心体系的理论模式和几何结构实际上已经建立起来。

古罗马的天文学成就

公元前30年，古罗马取代了古希腊，进入古罗马时期。这时，虽然古希腊科学已开始衰落，但尚有一些古罗马科学家能对古希腊科学进行整理和总结。正是在古罗马初期，作为天文学家和数学家的托勒密，对亚里士多德、阿波罗尼和希帕克等人的学说进行了系统的整理、加工和综合，从而建立起了一个可供制订历法作为理论基础的地心学说。这样，亚里士多德到希帕克的地心体系，也就发展成为以托勒密而著称的地心体系。由于托勒密在阿波罗尼和希帕克两人的几何学基础上进行了一系列的数学论证，加之托勒密体系能较好地解释天体的视运动现象，并能为历法的制订提供一定的理论基础和数学方法，因此托勒密的地心体系逐渐为以后的天文学家所接受。

　　亚里士多德—托勒密的地心体系在古希腊时期和古罗马初期，是以本来的科学面目出现的。尽管在亚里士多德那里这种体系已具有一定的神学目的论因素，但它并不具有宗教神学色彩。在推动古代天文学的发展中，亚里士多德—托勒密的地心体系曾起过重要的历史作用。亚里士多德—托勒密的地心体系与基督教神学搅在一起，是在基督教广泛流传的中世纪时期开始的。

　　早期的基督教与地心学说并没有什么联系。基督教约在公元1世纪时产生于巴勒斯坦。当时的基督教还没有什么系统的教义，当然也没有什么系统的自然观。在当时的基督徒看来，宇宙是一个密封的大盒子，天层是盒盖，在作为盒盖的天层上居住着天使，悬挂着日月星辰。大地是盒底，圣地耶路撒冷就在盒底的中央。直到中世纪前期，当神学家奥古斯丁和伊里吉纳企图对基督教神学进行理论加工时，虽然他们尚不知道亚里士多德—托勒密的地心

　　毕达哥拉斯（约公元前572年—约公元前497年）：古希腊数学家、哲学家。无论是解说外在物质世界，还是描写内在精神世界，都不能没有数学！最早悟出万事万物背后都有数的法则在起作用的，是生活在2500年前的毕达哥拉斯。毕达哥拉斯出生在爱琴海中的萨摩斯岛（今希腊东部小岛），自幼聪明好学，曾在名师门下学习几何学、自然科学和哲学。以后因为向往东方的智慧，经过万水千山来到巴比伦、印度和埃及，于公元前480年吸收了阿拉伯文明和印度文明。

体系，但他们从基督教传统的天体观念出发，仍然对当时流传的大地的另一方有人居住的思想持激烈的反对态度。在他们看来，若大地的另一面有人居住的话，这些人势必倒立着生活。这种看法无异于给上帝开玩笑。

但是到了中世纪后期，当古希腊科学逐渐复兴时，亚里士多德—托勒密的地心学说也随之复兴。由于基督教无法抵御古希腊科学文化复兴的洪流，于是罗马教皇格列戈里九世在1231年发布诏令，责成神学家改造和吸收古希腊的哲学与科学理论，建立起新的神学理论体系。正是在这一背景下，神学家托马斯·阿奎那适应了基督教的这一需要，并因此成为新的基督教神学——正统经院哲学的主要代表人物。

由于地心说在亚里士多德那时期已具有一定的神学目的论色彩，所以托马斯·阿奎那只要稍稍进行一些理论加工，就把亚里士多德—托勒密的地心体系改造为基督教神学的天体观。托马斯·阿奎那宣称，地球是上帝选择的宇宙中心，日、月、行星在不同的天层上环绕这个中心运转，推动日、月、行星运转的是居住在这些不同的天层上的天使。而上帝则居住在最高的原动力天层上统治着整个宇宙。

　　运用亚里士多德—托勒密的地心学说，托马斯·阿奎那还对上帝的存在进行了论证。他证明上帝存在的第一条论证是天球的运动需要有一个原动者，这个原动者就是上帝。托马斯·阿奎那的这一论证，被当时的神学家们公认为证明上帝存在的最成功的论证。由于托马斯·阿奎那对地心体系进行了上述理论加工和改造，本来是天文学中的一种宇宙理论的亚里士多德—托勒密的地心学说，从此也就纳入了基督教神学的理论体系，并因此成为基督教神学自然观的天体观的理论基石。也由于托马斯·阿奎那以亚里士多德—托勒密的地心体系为基础，建立了基督教神学自然观的系统的天体观，因此托马斯·阿奎那的经院哲学体系又被罗马教皇指定为教会官方的正统哲学。

　　托马斯·阿奎那（约1225年—1274年）：是中世纪经院哲学的哲学家和神学家，他把理性引进神学，用"自然法则"来论证"君权神圣"说。死后也被封为天使博士（天使圣师）或全能博士。他是自然神学最早的提倡者之一，也是托马斯哲学学派的创立者，成为天主教长期以来研究哲学的重要根据。他所撰写的最知名著作是《神学大全》。天主教教会认为他是历史上最伟大的神学家，将其评为33位教会圣师之一。

鲜为人知的事迹

贡献无界。

——作者题记

1506年秋，瓦尔米亚神甫，法学博士尼古拉·哥白尼回到弗龙堡神甫会。不久，他又到利兹巴克拜访了担任瓦尔米亚主教的舅舅。

为了向慷慨的舅舅表示感激之情，他意识到应该"还债"了。当然，瓦兹洛德需要的不是钱，他需要的是信得过、忠诚和富有聪明才智的顾问。舅舅的选择目光一开始就落到哥白尼身上。从此以后，哥白尼就一直留在舅舅身边，直到1512年舅舅去世。

回到故乡以后，哥白尼履行了留学前他与神甫会达成的协议，作了他舅舅主教大人的保健医生。但实际上，他更是舅舅的秘书、顾问和心腹。在此后的工作中，他甚至协助舅舅及继任的主教处理了最为复杂和棘手的政治、行政、军事、经济方面的一系列问题，成了瓦尔米亚神甫会中最为能干的一员。

作为一名医生，尤其是作为瓦尔米亚主教这样高贵的人物的保健医生，使哥白尼成了王属普鲁士地区最有名气的医生之一，而他的服务范围事实上也并不局限于舅舅一个人。他乐于为患者治病，不管其贫富和门第如何，他关心穷人的疾苦，免费为他们看病，有时甚至主动登门送医送药。同时，也有许多知名人物慕名到哥白尼这里求医，哥白尼作为一名医生的声望已经超出了瓦尔米亚地区，甚至也超出了王属普鲁士的疆界。他曾多次被请到格但斯克和奥尔什丁去给人看病，各种各样的名人、权贵，不止一次地向神甫会提出请求，希望聘用这位医术高超的医生。直到哥白尼临终前不久，普鲁士大公阿尔布鲁希特一直接受哥白尼的治疗。为此，70岁的医生——天文学家哥白尼不得不乘马车奔波往返。

舅舅乌卡什·瓦兹洛德需要哥白尼作他的医生，但首先是他的顾问。哥白尼留学回来的时候，普鲁士的政局正十分复杂，瓦尔米亚主教区管理人的处境也非常艰难。他管理的地区无论从经济角度还是从战略角度，对波兰来说都是很重要的。

瓦尔米亚面积约4000平方公里，与普鲁士接壤，原属普鲁士的一部分。反对骑士团的13年战争结束后，根据托伦和约于1466年并入波兰，这个地区被称作王属普鲁士，直接受波兰国王管辖。但王属普鲁士地区固有的社会矛盾并没有随着归属问题的解决而消失，内部的纷争和外部的威胁始终存在，社会形势动荡不安，公共秩序混乱，行政管理杂乱无章，政权软弱无力，出现了普遍的社会危机。更有甚者，十字骑士团正虎视眈眈着这片土地。

14世纪中叶起，瓦尔米亚主教的官邸一直设在利兹巴克的城堡。这座美丽的、世外桃源般的城堡，其

十字骑士团：即条顿骑士团，全称是耶路撒冷的德意志弟兄圣母骑士团，它于1198年在巴勒斯坦建立，主要由德意志骑士组成，着白色外衣，佩戴黑色十字章，白色斗篷上绘有红色宝剑和十字，因此被称为"十字骑士团"；由于它的拉丁文名称是Ordo Teutonicus，缩写为OT，因此又被称为"条顿骑士团"。

实是个重要的政治中心。这里直接同国王、教皇和十字骑士团发生关系，瓦尔米亚主教不仅是神职人员，而首先是一位政治家。按照当时"政教合一"的制度，瓦尔米亚的行政、司法、赋税等权柄都掌握在神甫会手中，神职人员从政，在当时是十分普遍的现象。

在这种情况下，哥白尼没有多少时间能够安静下来从事科学研究工作。他必须为舅舅出谋划策，帮助舅舅解决各种棘手的政治问题、法律问题和经济问题。

作为神甫会的成员，必须承担神甫会的许多行政义务，无论是在利兹巴克期间，还是定居在弗龙堡之后，他都几乎将其全部精力投入到神甫会的工作中去。1510年至1516年期间，哥白尼担任过许多行政职务。1510年11月8日，神甫会选举他担任视察员，负责对神甫会在奥尔什丁和皮耶宁日诺佃户区的财产管理工作进行督察。从1510年底到1513年11月，他又担任了更高的行政职务——神甫会办公厅主任，负责编写给波兰国王和十字骑士团的信件，监督神甫会的账目。1512年他还管理过食品供应工作，此外，农民们向神甫会缴纳的钱款也由他负责接收。由于公正地履行了这些义务，1516年11月8日他当选为神甫会财产管理人。担任这些行政职务，使他对经济问题有了实际的了解，这对他成为神甫会经济和财政改革者起了重要

作用。

　　担任这一职务的人可以毫不费力地利用职权为自己捞取可观的好处，这在当时是常见的现象。因为管理人有权对受神甫会统治的所有人，其中包括贵族，行使审判权。也有权罢免当地的城堡司令，而且有义务对司库和其他掌握财务的人实行监督。为此，人们总要选举特别信得过的人担任这一职务。哥白尼没有辜负神甫会的希望，他出色地完成了这项工作，任期一直持续到1521年6月，较法定期限多出两年。

　　在哥白尼负责管理工作时，正是神甫会的经济重建和扩建时期。15世纪末和16世纪初，瓦尔米亚经历了经济困难时期，这使神甫会的经济也遭受挫折，在奥尔斯丁佃户区，佃农手中的耕地有40%被荒芜，这就意味着佃租和其他收益减少了将近一半。

　　开垦荒地和监督现有土地的利用，是神甫会财产管理人的基本任务。他的任务还包括安排新农户去取代那些没有能力或对土地利用不当的佃户，特别要接管那些因佃农死亡或外逃被遗弃的土地。随着佃农对地主承担的义务的加深，佃农外逃现象日益严重。

　　为了不使外逃农民放弃的土地撂荒，哥白尼必须尽快为其安排新佃户。哪里一旦发生农民外逃事件，哥白尼就要亲自到那里去，把被抛弃的土地、建筑物、牲畜、农业器具一道转交给新用户。频繁的外逃事件促使哥白尼提出一个新的方案，那就是在签订新的土地租赁合同时，要有保人参加，如果被担保的农民弃田外逃，保人要承担物质责任。

除却对土地加强管理之外，哥白尼同时必须处理诸如安置新移民，确定纳税标准、制定经济和内政外交政策等方面的问题。1519年5月，当一场瘟疫席卷瓦尔米亚北部地区时，他又必须参加瘟疫的防治和治疗工作，因为他不仅是一个行政管理者，还是一名医生。

1519年11月8日，哥白尼再次被任命担任神甫会办公厅主任，但这一次却是经受了战火的洗礼。

波兰同十字骑士团之间的矛盾一直较深，在哥白尼管理经济事务时期，以瓦尔米亚主教和神甫会为一方，以十字骑士团为另一方不断发生冲突。早在1517年6月，十字骑士团就明显支持和纵容武装强盗在瓦尔米亚领土上从事抢掠活动，肆无忌惮地不断蹂躏手无寸铁的居民，甚至于焚烧村庄、杀害无辜。

这种磨擦和侵袭最终导致在瓦尔米亚土地上从1520年初开始的长达一年之久的战争。波兰和十字骑士团均倾其国力，派出大批军队卷入其中。

1520年初，十字骑士团包围了弗龙堡，当时神甫

中世纪战争场面

会成员中只剩下哥白尼一个人坚持在这里。由于十字骑士团无法越过大教堂的围墙，于是纵火焚烧了城市和围墙外面的神甫住宅。哥白尼顶住了十字骑士团对弗隆堡的攻击，但他的家却被焚毁了。

紧接着，十字骑士团又开始围攻瓦尔米亚重镇奥尔斯丁。哥白尼风尘仆仆赶到这里，迅速投入了紧张的备战工作。2月中旬，他从其他城市调入了防御武器、设备和食品，最大限度地加强了奥尔斯丁的防御能力。

多数神甫由于担心奥尔斯丁要塞一旦被十字骑士团攻破，会遭到残酷镇压，所以都提前离开了奥尔什

丁。岗位上只剩下哥白尼和另一位神甫。

哥白尼虽然没有手持武器伫立在城头上，但却是奥尔什丁真正的防御司令。这座城市的命运很大程度上取决于他。他在同波兰军队密切合作的同时，竭力使城堡和整个城市做好防御准备。他不像有些神甫那样在战争初期对十字骑士团还抱有任何幻想，所以他没有同骑士团进行任何谈判，一直坚定地站在反对骑士团的立场上。正是哥白尼的这种坚定态度拯救了奥尔什丁和瓦尔米亚的很大一部分地区，即使在十字骑士团大兵压境恫吓奥尔什丁要么投降，要么将彻底化为灰烬之时，哥白尼也没有丝毫动摇。

1521年1月26日，十字骑士团突然向奥尔什丁发起进攻，妄图用突袭的办法攻占该城。并曾一度攻破城墙上的一个角门，但很快又被守卫者击退了。以国王为首的波兰最高司令部，以及主教和为自己财产安全感到担忧的瓦尔米亚神甫们，都睁大眼睛盯着奥尔什丁。哥白尼没有让他们失望，奥尔什丁在这些顽强的战士手中始终岿然不动。

由于军队损失惨重，又没有取得较大的胜利，十字骑士团内部出现了严重的危机，骚动连续不断。士兵大骂首领，雇佣兵要求发放拖欠的军饷，甚至把事先发饷作为开始发起进攻的条件。结果，十字骑士团

大首领不得不放弃进一步的军事企图。1512年3月26日，骑士团停止了军事行动。4月5日达成托伦协定，实行停火。瓦尔米亚地区重新回到和平的怀抱。

战争给瓦尔米亚造成了巨大的损失和破坏，大部分农庄已被践踏和洗劫一空。战争开始之前，奥尔什丁佃户区只有10%的农田荒芜，而战后被荒废的土地增加了两倍。刚刚停火一个月，哥白尼就重新开始了安置佃户的工作。

←十字骑士团标志

在 1521 年 5 月 6 日至 31 日这 3 周中，哥白尼为荒废的农田做了 8 次安置移民工作。为了鼓励农民尽快地接管被遗弃和被破坏的土地，哥白尼提出了不少减租和免租措施，这对毗邻的玛佐夫舍地区产生了很大吸引力，许多玛祖尔人的波兰移民纷纷前来定居。这对该地区的民族结构和民族命运产生了重要影响。

1521 年 6 月，根据神甫会的意见，哥白尼被选为瓦尔米亚专员。这一职务是 1521 年临时设立的，主要是为了恢复遭到战争破坏的经济和社会秩序。毫无疑问，担任专员是哥白尼在行政职务方面的一次晋升，也是对他战前和战争期间所从事的行政组织活动表示赞赏的证明。

1521 年 6 月，哥白尼移居到弗龙堡。此后几个月里他又担任了神甫会财产的视察员，接下来的几年中，哥白尼曾多次到奥尔什丁城堡视察工作，也曾担任过"神甫会驻奥尔什丁代表"。战争刚结束的几年中，瓦尔米亚神甫会的处境非常艰难，形势要求神甫们表现出更大的政治积极性，同普鲁士各界以及波兰中央政权保持密切的关系。为此，哥白尼作为神甫会的代表常常参加普鲁士各界的代表大会，同代表们一道商讨如何制止十字骑士团在瓦尔米亚土地上进行新的颠覆和破坏活动，并想办法迫使他们遵守停火协定。

　　1522年1月30日，瓦尔米亚主教法比安·卢兹扬斯基去世。按照当时教区的传统习惯，在新主教产生之前，由一名神甫代表接管教区和神甫会的领导权。这名代表被称为瓦尔米亚主教区行政总管。这是一个政权交替时期负有最高责任的职位。神甫会推举尼古拉·哥白尼在这7个月的时间里担任了这一最高职务，甚至在选出主教之后，哥白尼仍将行使这一职责，直到新主教的选举得到教皇批准为止。上任以后，哥白尼立即采取有力的措施加强各城堡的防御能力，预防十字骑士团的进犯。哥白尼担心十字骑士团有侵犯瓦尔米亚的企图，这种警惕性不是没有根据的。因为十字骑士团竭力想利用瓦尔米亚主教法比安之死来攫取瓦尔米亚。

　　出于安全考虑，哥白尼和副主教扬·斯库尔泰蒂派出代表加强主教城堡的防御工作，尤其是利兹巴赫的防御工作。同时他们向格但斯克总督提出要求，要求他向利兹巴赫提供大炮、火药和粮食。

　　1523年12月6日，红衣主教扬·瓦斯基为莫里齐·费贝尔举行了就任瓦尔米亚主教仪式。几天以后费贝尔主教向国王和王储以及波兰王国宣誓效忠。

　　莫里齐·费贝尔主教确实没有辜负国王的信任，他同尼古拉·哥白尼一道努力，大大地促进了医治战争创伤和重建瓦尔米亚经济的工作。两个人一起在1525年至1528年从事移民工作，有40%的移民是来自玛佐夫舍地区的波兰农民，在密切同波兰关系方面，两个人都做出了显著的贡献。

哥白尼早在费贝尔担任主教前许多年就同他很友好。在对内对外政策上，两人的主张也非常相似。这使得他们的工作交接异常顺利，并为以后的合作奠定了良好的基础。

在解脱瓦尔米亚行政总管职务后，哥白尼又两次当选神甫会办公厅主任，一次是1523年，另一次是1525年。他履行自己的义务，领导神甫会办公厅的工作，编辑各种函件和监督神甫会的财务。

在这段时间里，波兰与骑士团国家的关系发生了很大变化。起因是骑士团国家内部形势趋于恶化。首先是军事上的连续失败摧毁了它的军事实力，经济发展也陷入困境，陈腐的国家结构，再加上宗教改革运动的不断发展，使国家经济步履维艰。虽然骑士团在德国皇宫积极开展外交活动，但德国由于卷入了同意大利的战争，无力向骑士团提供军事援助。在这种形势下，大首领根据马丁·路德的建议，决定取消骑士团国家，成立依附于波兰的世俗的路德派公国。这样就可以享受世袭的公爵权利。这个想法得到骑士团部分领导人的同意，也得到波兰王宫中部分官员的支持。

1525年4月8日签订了波兰——普鲁士条约，几天以后，阿尔布雷希特作为普鲁士公国的统治者，在克拉科夫市场上举行了向国王齐格蒙特·斯塔雷进贡的仪式。从此以后的普鲁士王国被称为公国普鲁士。

克拉科夫条约是当时国际法中天主教国家承认新教国家的第一个条约。从当时的观点看，应该说是波兰外交政策的一个不小的成绩。因为它标志着同十字骑士团战争时期的结束，波兰北部边界的安全有了保证。

普鲁士公国的变化给哥白尼增添了不少工作。他必须把十字骑士团占领过和归还的财产整顿好。一方面是恢复行政秩序，另一方面是恢复经济秩序。此外，哥白尼还必须同阿尔布雷希特大公的代表举行会谈，讨论瓦尔米亚和普鲁士公国之间全面调整经济和社会关系问题。为了同邻国制定相应的正常关系准则，花去了哥白尼两年的时间。1528年7月6日，这个准则得到批准和签署，哥白尼是签署人之一。

同骑士团结束冲突这件事成了哥白尼生活中的一个转折点。保卫瓦尔米亚，抵御十字骑士团侵略，正确领导瓦尔米亚经济发展和医治战争创伤，这段耗费哥白尼很多精力和心血的艰难时期从此宣告结束。

　　此时，走近老年的哥白尼眼望和平，该长长地舒一口气了。他知道，他的政治生涯即将结束，但是，他还有另一片广阔的天地，在那里，科学的曙光正在冉冉升起。

中世纪战争场面

相关链接

XIANGGUAN LIANJIE

哥白尼在帕多瓦大学的时光

1501年7月28日，哥白尼兄弟俩在没有完成学业的情况下，被舅舅乌卡什安排回到波兰国内弗龙

帕多瓦大学：像博洛尼亚大学、巴黎大学、牛津大学和剑桥大学一样，是西方重要的文化中心之一。帕多瓦大学建立于1222年，当时博洛尼亚大学限制学术自由，而且不能保证师生基本的公民权利，所以大批的教授和学生从博洛尼亚大学脱离出来建立了帕多瓦大学。

堡大教堂，经过乌卡什在神甫会的运作，哥白尼当上了一名神甫，而安杰伊则被要求继续学习。神甫会许可哥白尼再去学习两年医学，完成后担任主教和弗龙堡大教堂神甫会的专职医生。哥白尼本来就无意于这个职务，只不过碍于舅舅的关心，不好当面推脱。他只稍作短暂的停留，便与哥哥急忙返回心向往之的意大利。只是这一次，哥白尼前往帕多瓦，而安杰伊则是去了罗马，兄弟俩头一次在求学的道路上分开。

帕多瓦大学以医学和法学的教学闻名于欧洲，许多著名医学专家在这所大学任教。医学学制为三年，先是在医生指导下进行的实习，然后是考试和毕业答辩，最后根据考试和答辩成绩颁发毕业文凭。为了争取实践课考试及格，哥白尼也必须当一名实习生在医院里实习一段时间。学习期间，他广泛地阅读了几个世纪以前的和当代的医学著作，并且把从书本上读到的知识同自己在医院的观察进行了认真的比较。起初，哥白尼不加批判地接受了别人传授给他的药方，但他通过医疗实践对这些药方进行了筛选，进而得出了自己的结论。

哥白尼当时使用过的医学课本被保存了下来，

在这些课本上哥白尼写下不少的批注，不光记录了他当时的意见和看法，还有各种有趣的医学知识和其他各方面情况，譬如其中有这样一段话："这要么是假的，要么是从未有过的事，所以不能相信它是对的。"正是哥白尼的这种孜孜不倦的钻研精神，使他成就为日后的"神医"。尽管当上医生以后的哥白尼医术高超，但毫无疑问，作为天文学家的哥白尼远远超过了作为医生的哥白尼。

哥白尼也是货币改革家

哥白尼除了当医生，还扮演了一个重要色角色，那就是货币改革家。他从意大利回到波兰时，原来的波兰国王扬·奥尔布拉希特已经去世，亚历山大·雅盖隆奇克继任国王。亚历山大国王曾派特使到马尔堡市政厅，参加一次普鲁士各界代表会议。当时由于缺少小城镇代表，稍后又在埃尔布隆格重新召开了一次代表会议。这次会议是由乌卡什大主教主持的，他的外甥哥白尼也参加了这次会议。国王特使要求普鲁士各界派使臣到彼得库夫向国王宣誓效忠，可是时间紧迫，各界代表都去根本来不及，只能派两名普鲁士贵族作为特使去向国王说明推迟宣誓效忠的原因，并请求国王亲自驾临普鲁士，了解当地的各种急迫问题，实施改革。

这次会议上作出了许多对普鲁士地区具有重要意义的决定，其中就详细讨论了货币问题。随后有两个月，哥白尼参加了紧张的迎接国王的筹备工作。当时的王属普鲁士地区，甚至整个波兰都注视着哥白尼的故乡托伦，因为国王来访的仪式将在这里举行。等到亚历山大国王偕夫人海莱娜王后到来的那天，乌卡什大主教及一些杰出的政治家早已等候在那里，一同陪国王及王后巡视了普鲁士地区。

哥白尼作为大主教的得力助手，具有很大的发言权。他在此次巡视期间，了解了普鲁士地区的很多重大问题，而瓦尔米亚的大主教对该地区的内政有着决定性的影响，哥白尼为了帮助舅舅分忧解难，不得不花费了许多精力，整顿普鲁士的内部秩序问题。在他的努力治理下，普鲁士的行政、司法和治安等方面的问题都得到了有效解决。而哥白尼对该地区的最大改革成就，莫过于对货币的改革，他提出了限制十字骑士团和其他投机者伪造普鲁士高面值货币的决定，并严禁金匠铸造这种货币，再辅以一系列的改革措施，使普鲁士的货币流通恢复正常。

另一片光辉

> 偏见短寿，惟真理永恒。
>
> ——作者题记

　　哥白尼，作为一位杰出的人文主义者，对知识和社会生活的各个领域都感兴趣。尤其对经济领域的问题，有着更深刻的了解和研究。他的经济管理知识来自书本的远不如来自亲身实践的多。管理瓦尔米亚巨大财产的过程，使他成为经济工作的行家。作为神甫会财产管理人，哥白尼必须操心的是，要使所有土地得到耕种，并且得到最好的管理，以便获得最大的收入。瓦尔米亚生产的农产品远远超过瓦尔米亚的需要，剩余的农产品必须卖到国外。王属普鲁士，包括瓦尔米亚，同十字骑士团这个邻国有着特别密切的经济联系。从事这些复杂的贸易和经济联系要求对货币问题有透彻的了解。哥白尼渊博的数学知识在这里有了用武之地，因为贸易是借助各种不同的货币进行的，而这些货币的表面价值和实际价值千差万别。因此，必

须了解各种货币制度和各种货币价值。

哥白尼积极参与的经济改革是同整个共和国有利于改革的气氛相联系的。这个时期国内不仅进行了重大的经济改革，也进行了重要的社会改革和制度改革。在齐格蒙特·斯塔雷统治时期，贵族和豪绅巨富之间展开了尖锐的争权斗争，在这场斗争中国王偏向新兴权贵一边，新兴权贵的改革纲领夹杂着人文主义口号，受宗教改革的影响，它的目标不仅要打破贵族在国内占有的优势，也要对国家制度、国家立法和国家经济进行重大改革。各种改革方案都无法回避对经济来说十分重要的国库问题、财政问题和货币问题。哥白尼生活时期通行的货币制度是中世纪遗留下来的。已经不适应经济变化的需要，并出现了深刻的货币危机。这种危机由于敌对的邻国为牟取暴利不惜假造波兰货币而进一步加剧。通过制造伪币而获得的收入，并不比冒险抢掠的收获小。

当时的货币是用金属铸造的，主要是用银加入一些铜来制造。那时人们还不懂得印刷纸币，即使发行了新货币，旧货币也照样流通，因为它的贵金属含量保证了它的应有价值。虽然法律对货币中贵重金属和其他金属的含量做了规定，但有人为了谋利，常常改变这种比例关系，从而导致大量劣币充斥市场，而且当时人们还不知道今天正在全世界普遍了解的这样一个原则，即发行的货币数额要么同国库中的贵重金属价值相符，要么同市场的商品总值相符。如果货币总的名义价值超过了国库中贵重金属的价值或商品总值，经济必然出现紊乱。

当时波兰市场上流通的货币有17种之多，其中一部分是表现价值同其贵重金属含量相符的良币；而另外一部分则是贵金属含量不足的劣币。良币与劣币中贵重金属的含量可相差25%。并且由于波兰本土、立陶宛和王属普鲁士都有单独的货币制度和兑换率，又进一步加剧了金融市场的混乱。更糟糕的是在这一地区除国王有造币权以外，托伦和格但斯克两城也有造币权。

骑士团统治的普鲁士有自己特有的货币制度，而且其货币质量不断下降。在波兰市场上，这种劣币同其他一些价值较高的货币一道流通，这给王属普鲁士的经济造成特别严重的影响。1480年至1524年，王属普鲁士的造币厂没发行货币，于是骑士团普鲁士的劣币大量流入该地区。骑士团大首领还故意向波兰市场投放伪币，尤其是同波兰交战时期的1520年投放量特别大。这期间，骑士团货币的价值下降了83%，而波兰货币也下降了40%。

当时城市之间和贵族之间的贸易完全通过货币进行，农民向封建主缴纳的地租也用货币支付。普通贵族和农民不懂货币价值的复杂关系，因此蒙受了巨大损失，而商人和投机者则从中渔利。

接下来的情况是价值比较高的良币从市场上消失了，因为有一部分人把它作为储存资本的好途径大量囤积；而另一部分人则把它运到国外，然后再用它造出更大数量的劣币。

货币紊乱造成的困难甚至导致克拉科夫的王国造币厂于1511年临时关闭。为此，对货币紊乱的后果感触最深的社会阶层——贵族和神职人员，强烈要求实行货币改革。

正是在金融危机最为严重的时刻，哥白尼就任了瓦尔米亚神甫会财产管理人的职务。哥白尼经常就神甫会的财政困难和金融损失问题同周围人交换意见，并提出相应的一系列解决办法。

1517年8月中旬，哥白尼在奥尔什丁用拉丁文写出了有关货币论文的纲要，题目叫《深思熟虑》。这篇纲要受到人们的赞赏，于是在1519年普鲁士实行货币改革时，有关方面专门征求了哥白尼的意见。后来，哥白尼把这篇纲要稍加修改，又译成德文，以便使更多的市民了解这一问题，哥白尼这篇德文译本题为

《造币方法》。

1522年3月下旬，这个问题正式列入了在格鲁琼兹举行的普鲁士代表大会的议事日程。大会请哥白尼宣读了他3年前撰写的题为《论货币的信誉》的论文。

按照哥白尼的理论，货币就是带标志的金或银，用它来抵偿被买卖的物品的价值。根据某个国家或某个统治者的规定把金银刻上标志加以使用，就称其为货币。哥白尼认为，在铸造货币时掺杂非贵重金属是必要的，这可使硬币的形状具有相应的持久性，同时也使非法熔铸活动受到限制。这种含义的货币是一种社会产物，能够方便商品交换。哥白尼认为货币包含着价值和信誉两个方面。货币的价值取决于其所包含贵重金属的数量和质量，也就是取决于贵重金属在货币中所含的比重。这是货币的内在价值，正是这内在价值使货币成为商品，可以用它去换取其他商品。哥白尼反对改变货币中贵重金属的比重和含量，因此他建议使货币的价值成为固定的和不变的。

哥白尼说的货币信誉是指货币的名义价值，也就是国家当局加盖的戳记所标示的数额。哥白尼认为，良币的名义价值应该等于其实际价值，但他承认，必须使名义价值略高于它的实际价值，高出的部分相当于货币本身的生产成本。

从哥白尼的记述中还可以看到一些世界性的经济现象。哥白尼列举的当时施行的各种降低货币价值的方法中，还有一种剪取货币边角的方法，以便以后从这些边角中提取金银。针对这种情况，当时以及以后铸造的硬币的边缘都刻印了文字。我们现在使用的硬币边缘铸成锯齿形，也是当时留下来的一种传统。虽然现在谁也不会想到要去剪硬币的边缘了。

哥白尼的货币价值理论是先进的，远远超出了当时的理论水平。中世纪主要流行两种货币理论：唯名论和实在论。两种理论各有自己的货币价值标准，评价的依据也各不相同。唯名论认为货币的价值是由货币以外的因素决定的。而实在论则认为货币价值是由货币本身的贵金属含量决定的。根据唯名论的观点，货币的价值是由刻压的印记加以表示的。而印记的确定由政权决定。这是货币的名义价值，哥白尼称之为货币的信誉。中世纪货币的汇率自由确定，这使一些名义价值相同而金或银含量不同的货币同时在市场流通。哥白尼认为，货币价值取决于货币本身贵重金属的含量，不取决于货币的表面印记。由此可见，哥白尼是坚决反对唯名论的，这使他不承认统治者有自由确定货币名义价值的权利。哥白尼说："最大的犯罪和无法弥补的过错是国家统治者，管理者，或者其他愚

昧的人想从造币事业上谋取好处，于是他们就增加正在流通的货币数量，而新增货币的贵重金属含量或重量是不足的……搞这种名堂的人，不仅伤害了自己的臣民，也损害了自己，得到的好处是暂时的，而且是微小的。他的行为就好像一位吝啬的农夫，为了节省良种就播种坏种子，到头来收获的恶果要比播下的坏种子还多。由此使货币的信誉遭到破坏，就像杂草窒息了禾苗一样。"

这一时期，哥白尼又提出劣币定律："当原来比较好的货币尚在流通时，又发行新的低劣货币，那么这种劣币不仅会影响原来的良币，还会把良币驱逐出市场。"

这种现象早在哥白尼之前就被人们所认识，但哥白尼第一个发现了其中的经济规律。这种规律作为一种法则，在不定价货币出现并与良币同时流通时，就会自动起作用。长期以来，劣币驱逐良币的定律一直是以晚于哥白尼的一个人——格雷欣的名字来命名的，被称为"格雷欣定律"。托乌斯·格雷欣是16世纪后半叶英国的一位经济学家。只是到20世纪人们才发现哥白尼关于货币的论著，于是这个劣币法则现在被叫作"哥白尼—格雷欣定律"。

1522年5月，也就是哥白尼在埃尔布隆格讲话发

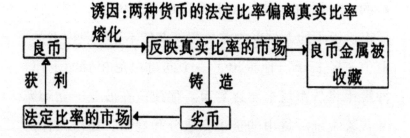

格雷欣定律示意图

表3个月之后，格但斯克的议员们接受了哥白尼的意见，建议创办一座普鲁士造币厂，不盈利地铸造一种货币，然后停止使用旧货币。经过激烈辩论，普鲁士各界于同年10月底统一了意见：赞同该项方案。但这一方案在执行过程中却被扭曲了，造币人不想放弃从制造货币中捞到好处的做法，新货币明显成色不足，这引起了普鲁士各阶层的抗议。同年，波兰国王下令禁止继续发行此种货币。

货币问题因骑士团国家1525年世俗化和成立普鲁士公国而显得更为突出。新建的普鲁士公国是波兰的附属国，这不仅仅体现在形式上。国家要求普鲁士各界在普鲁士两部分地区，即王属普鲁士和普鲁士公国尽快解决货币问题。这时，国王已经开始倾向自己的秘书尤斯图斯·德茨尤什1526年编制的改革方案。德茨尤什在自己的《论货币铸造》一文中建议发行一种

新的、更好的货币，这种货币可同时为国王和向造币
厂提供银子的人带来收益，德茨尤什不主张收回老的、
贬值了的货币。他提出了一个同哥白尼相反的定律，
即良币将从市场上驱逐劣币。他建议在波兰、立陶宛
和普鲁士统一货币的重量、成分和规格。德茨尤什的
方案不同于哥白尼的建议，它更适合于中世纪的货币
理论。它不像哥白尼的主张那样具有远见，但它却赢
得了国王和许多宫廷大臣的支持。1526年，国王在格
但斯克出席普鲁士各界代表大会时介绍了德茨尤什的
货币改革方案。同年7月17日，国王向王属普鲁士各
界发出指示，宣布对普鲁士货币实行改革，以便使它
同波兰本土的货币统一起来。从此，王属普鲁士货币
由格罗什、谢隆格和迪那里构成，它们也通用于普鲁
士公国。

这项改革在普鲁士各界引起争论，对它提出许多
疑问，有两年时间，德茨尤什一直回避对普鲁士货币
改革方案进行深入讨论。直到1528年，德茨尤什才宣
称将把自己的新方案提交在马尔堡举行的贵族代表大
会讨论。

哥白尼参加了1528年5月在马尔堡举行的王属普
鲁士贵族代表大会。5月14日，哥白尼被选为代表大
会工作委员会的成员。普鲁士两部分的代表，以及格

但斯克和埃尔布隆格的造币匠也参加了这个工作委员会。委员会主要讨论了淘汰老货币的方法，以及按照国王指示铸造新货币的样式和规格问题。

哥白尼为这次大会准备了自己的《论货币的铸造》一文的第3稿，这一稿包含了同德茨尤什的辩论内容，也有对货币改革理论的广泛阐述，这部著作为哥白尼赢得了很大声誉，并作为改革派经济论文的范例载入史册。

哥白尼新方案提出：必须取缔现有的各种造币厂，代之以一家造币厂为整个地区铸造货币；发布禁令，禁止在商业活动中使用老货币；确定发行货币的限额；同时发行所有类别的新货币。这个方案表达了主张彻底进行货币改革和进行重大经济改造的人们的愿望。

7月23日，德茨尤什介绍了自己的和其他一些人的货币改革方案，其中包括哥白尼的方案。然后普鲁士各界代表通过了有关造币章程的决议。在决议中，哥白尼的一些改革主张得到了实施，如在托伦设立了一个既为王属普鲁士，又为普鲁士公国服务的造币厂，通过了他的平衡迪那里和格罗什，以及其他几种货币单位之间的价值关系的方法，这使得普鲁士货币制度适应了波兰的货币制度。而哥白尼的其他一些主张则未被采纳，这使这次改革具有不彻底性。当然，哥白

尼方案中有些部分远远超出了当时的财政管理思想，因此，哥白尼的同时代人往往理解不了他那种具有远见的主张。

哥白尼撰写的关于货币问题的论文，表现了哥白尼在经济实践和经济理论方面的广泛兴趣。他是一个全面的经济学家，他的经济理论已超出了封建经济的范畴，而这些观点的形成是同文艺复兴时期的经济发展密切相连的。人文主义和科学复兴的故乡，即意大利的一些城市，是哥白尼愿意效法的楷模，哥白尼从意大利不仅学到了天文学知识和法律知识，也学到了先进的管理方法，这种管理方法中的许多因素在16世纪已经对波兰产生很大影响。

哥白尼虽然是一位神职人员和法律学者，但在经济领域，他摆脱了宗教和法学观点的束缚和影响。他的改革设想也摆脱了封建管理理论的桎梏，他努力用符合新经济形势的理论取代陈腐的封建理论。他的经济模式没有考虑少数人的利益，虽然他本人作为瓦尔米亚神甫也属于少数人之列。他考虑的首先是手工业者和他常说的创造财富的人们的利益，而这些人正是在那个时代被蔑视的劳动者。

哥白尼也没有像他同时代的一些人那样陷入乌托邦的空想之中，他研究了具体的客观条件，并指出了

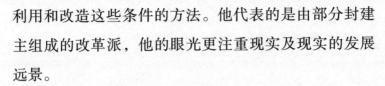

利用和改造这些条件的方法。他代表的是由部分封建主组成的改革派，他的眼光更注重现实及现实的发展远景。

他又是一位充满自由精神的人。表面上看，他的多种爱好之间没有什么直接的联系，而实际上，这些事业之间被一条纽带紧密相连，这就是一种强烈的自由精神。哥白尼不仅在纯科学领域以这种精神瓦解了僵化的观点，而且更广泛地把他的这种精神扩展到社会生活和经济生活领域，他甚至敢于向意大利中世纪神学家和经院哲学家圣托马斯·阿奎那这样的大权威挑战，公开摈弃了中世纪盛行的经济自给自足模式，极力宣传经济发展最重要的条件之一是多边贸易。

正是由于具有了这样一种精神意志和人格魅力，哥白尼才成就了举世皆惊的大事。

哥白尼与达·芬奇

哥白尼在意大利期间不但结识了很多大科学家，也接触过许多其他领域的名人巨匠，这当中最著名的莫过于伟大的画家、大数学家、力学家和工程师达·芬奇了！

达·芬奇比哥白尼大21岁，他多才多艺，学识渊博，是文艺复兴时代的骄子。他创作的《最后的晚餐》和《蒙娜丽莎》等多幅名画皆成为传世名作。达·芬奇冲破传统绘画的清规戒律，使绘画艺术真实地反映现实生活，被誉为"科学的画家"。他蔑视宗教神学，反对教会特权，公开指责"教会是贩卖欺骗的店铺"。达·芬奇的这些禀性作风无不令哥白尼感到钦佩，他认为自己的性情和这位艺术大师极其投缘。而且哥白尼对绘画也颇为爱好，他画的一幅自画像被保存至今。

哥白尼拜访达·芬奇不仅是为了学习绘画艺术，更重要的是想听听这位天才人物对天文学的意见。因为他早就听说达·芬奇对天文学也有很深的研究，

特别是对托勒密的地心体系提出过许多看法。达·芬奇虽然是那个时代首屈一指的名人，但他并不拒

　　列奥纳多·达·芬奇（1452年—1519年）：意大利文艺复兴三杰之一，也是整个欧洲文艺复兴时期最完美的代表。他是一位思想深邃，学识渊博，多才多艺的画家、数学家、寓言家、雕塑家、发明家、哲学家、音乐家、医学家、力学家、生物学家、地理学家、建筑工程师和军事工程师。他是一位天才，他一面热心于艺术创作和理论研究，研究如何用线条与立体造型去表现形体的各种问题；另一方面他也同时研究自然科学，为了真实感人的艺术形象，他广泛地研究与绘画有关的光学、数学、地质学、生物学等多种学科。他的艺术实践和科学探索精神对后代产生了重大而深远的影响。

绝当时还默默无闻的哥白尼的来访，他十分热情地
接待了这位来自外国的年轻小伙子。当哥白尼请教
他天文学的问题时，他毫无保留地说出了自己的看
法。

达·芬奇认为，托勒密的地心体系不符合宇宙
天体的客观实际，应重新探索宇宙结构的新体系。
这一问题，正是哥白尼目前在研究的问题。两人越
谈论越投机，越探讨越高兴，达·芬奇对哥白尼说：
"搞科学研究，不仅要重视实践，而且要重视理论，
懂得实践和理论统一的重要性。而醉心实践却看轻
理论的人就好像一只没有舵和罗盘的领航人一样，
永远不知道船航行的方向。"达·芬奇的一番真知卓
给了哥白尼宝贵的经验见，使他对建立宇宙结构新
体系的研究更加充满信心。

意大利的十年留学生涯，是哥白尼一生中非常
重要的岁月。在这十年里，他通过寻师访友，重读
古希腊罗马哲学，并受到了文艺复兴运动的熏陶，
打下了坚实深厚的天文学基础。最为重要的是，他
在意大利更加获得了古希腊天文学中的日心说的最
初的启迪，基本上弄清了地球运动的问题，这成为
他未来事业的伟大起点。

划时代的巨著

倘若我的墓碑必须刻上墓志铭，只求
刻上"个人"两字。

——克尔凯郭尔

　　公务活动把哥白尼造就成了忠于国家并对经济有
突出贡献的行政管理者，他的忠诚在艰难时刻也从未
动摇过。仅这些功绩就足以使哥白尼被载入地方史册，
作为忠诚的爱国者和才华横溢的人文主义者而永垂民
族青史。然而，天文学方面的成就又进一步为哥白尼
赢得了世界性的荣誉。1531年，当他逐渐摆脱从事多
年的公务活动以后，终于有了较多的时间无拘无束地
献身于自己所喜爱的科学活动。但是，让人难以想象
的是，他的天文学研究的主要成就却是在他积极从事
公务活动时期取得的。因为他很早便写出了《浅说》
这个太阳中心说的提纲，大约在1515年就开始撰写他
的主要著作《天体运行论》。为了撰写这本书，他从
1512年到1529年，尽最大努力从事天文观测，积累了
关于行星运行，日月食等天象的大批资料。这部著作

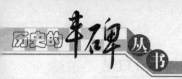

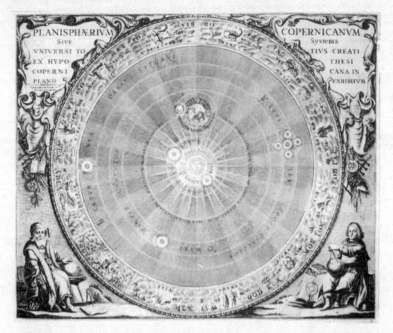

← 哥白尼宇宙体系示意图

断断续续写了18年，随后又进行了许多年的修改，直到1543年，在哥白尼即将去世时，这部划时代的巨著才得以面世。

哥白尼在离开意大利后大约10年的时间里，通过孜孜不倦的研究，已基本上形成了日心说的理论体系。而早在哥白尼从意大利回国不久，即在利兹巴克生活期间，就利用闲暇时间，持续地对天体进行观测，尽管这种观测的机会和所能付出的时间少而又少。大约在1507年，他开始撰写第一篇天文学论文，在这篇论文里，他勾画了自己学说的雏形。这篇论文的题目是《试说关于天体运行的假设》。这期间，他观测了月食，这丰富了他多年积累起来的有关星际现象的知识，对他的理论发展也异常重要。因为这次月食同托勒密观察的月食非常相像。这使哥白尼有可能对希腊天文学家的计算加以验证。在哥白尼的一生中仅此一次，以后再也没有出现过类似的观测机会。

1510年前后，哥白尼同舅舅的关系不大融洽，其中的缘由大概是哥白尼不想在政界做官，而这刚好与独断专行的舅舅的期望相悖。舅舅曾不止一次地向哥白尼说："忘掉你那些太阳、月亮和星星"，"统治世界的是神学家，而不是数学家和天文学家"。不得已，哥白尼希望回到僻静的弗龙堡，借以摆脱激烈的政治生活和官场的繁杂，集中精力从事科学研究工作。这一愿望只部分地实现了。1510年秋，哥白尼离开利兹巴克，搬回自己在弗龙堡的住所，并一直定居于此长达30余年。但是他并没有因此摆脱世俗的繁杂和官场的纷争，对于哥白尼而言，这大概也是不得已的事。

瓦尔米亚主教区的首府弗龙堡，在哥白尼生活时期大约有1500名居民。大教堂建在一个高岗上，从那里可以俯瞰维斯瓦河入海口的景色，高岗周围建有城墙，城墙里面有瓦尔米亚神甫会神甫的住宅。早在1499年，依照城市把塔楼、箭楼和城门划分给各行会负责维护和守卫的做法，神甫会也通过决议，把城墙

上的所有塔楼都划分给具体神甫管理。这项决定对哥
白尼具有十分重要的意义。1513年哥白尼从瓦尔米亚
神甫会的工场购置了石料和石灰，把塔楼改建成一座
没有屋顶的可方便观测的建筑，并安装3架天文仪器，
它们是视差仪、象限仪和星盘，分别用于月亮、太阳
和恒星的观测。哥白尼自建的这座天文台被后人称为
"哥白尼塔"，已经成为天文学的一块圣地保存至今。

　　大约在1515年前，哥白尼以书信形式撰写了一篇
论文，寄给了自己的朋友和熟悉的天文学家。这篇论
文开头的一句话是："尼古拉·哥白尼浅说自己提出的
关于天体运动的假设"，于是这篇论文的名字就被称为
《浅说》。哥白尼在这篇论文的开端处就明确地指出当
时天体（主要是行星）运动理论中存在的尖锐矛盾，
就是行星视运动的不均匀性。用同心圆上的均匀运动
当然无法加以解释，按托勒密的地心学说，采用偏心
圆和本轮，也得不出与实测相符的结果。哥白尼指出，
要解决这个难题必须赋予地球以类似行星的绕日运动，
并认为天体及其轨道运动具有下列7项可以"称为公
理的特征"，它们是：（1）对所有的天体轨道或天体，
不存在一个共同的中心；（2）地球的中心不是宇宙的
中心，而是引力中心和月球轨道中心；（3）所有的天
体都绕太阳旋转，太阳俨然是在一切的中央，于是宇

宙的中心是在太阳附近；（4）日地距离与天穹高度之比小于地球半径与日地距离之比。因此，和天穹高度对比起来，日地距离是微不足道的；（5）天穹上显现出的任何运动，不属于天穹本身，而是由地球的运动引起的；（6）我们看见的太阳的各种运动，不是它本身所固有的，而属于地球和它所在的天球，就像任何别的行星一样，地球和我们的天球一起绕太阳运转。这样说来，地球具有几种运动；（7）行星的视顺行和逆行不是它们在运动，而是由于地球在运动。因此，只要用地球运动这一点就足以解释天上见到的许多种运动的不均匀性了。根据上列 7 条原则，哥白尼在《浅说》中依次论述了天球的序列、太阳的视运动，以及月亮、3 颗外行星（土星、木星与火星）和两颗内行星（金星与水星）的运动。总的说来，虽然《浅说》是一篇比较简短的论文，但它概述了哥白尼日心地动学说的主要内容。当哥白尼在世时，这篇作品没有署名，只在少数可信赖的朋友中流传，底稿没有保留下来，甚至在《天体运行论》一书中也从未提到它。仅仅因为第谷在 1575 年得到一份手抄本，这篇论文才得以流传下来。后来第谷的抄本也消失了，3 份再抄本现在分别保存在维也纳、斯德哥尔摩和阿伯尔。《浅说》一文是哥白尼的早期作品，不够成熟，这表现在日心理论和地动学说都以假说的方式提出，缺乏令人信服的证据。其次，他的模型所用的数据大多取自前人的著作（主要是阿拉伯国王阿方索十世组织一批天文学家于1252年编成的《阿方索表》，即当时通用的行星星历表），而不全是自己的观测结果。哥白尼认识到这些缺陷，他决心用长期艰苦的努力来编纂一部更完整、更成熟的论著，这就是他用毕生精力浇铸而成的不朽巨著《天体运行论》。

尽管如此，《浅说》的意义依然是重要和深远

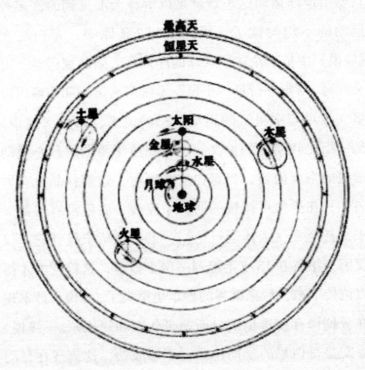

← 托勒密地心体系简图

哥白尼的《浅说》

的。在《浅说》中，哥白尼抨击了托勒密的理论。这一抨击同时也是对以托勒密地心说为基础的世界观和哲学体系、神学体系的抨击，他使星占术失去了存在的意义。

《浅说》中提出的地球每昼夜围绕自己轴心旋转一周和每年围绕太阳旋转一周的理论是一条惊人的新闻。哥白尼这一惊人发现竟然是借助普通的简陋仪器：象限仪、三角仪和星盘实现的。象限仪不过是用木板做成的一个正方形，板上绘制了1／4的圆弧，在圆心处钉上一条细绳，用于观测太阳的位置，主要是测量太阳中天时的高度，三角仪是用3根活动的尺子构成的，用于观测月球，星盘是哥白尼用来测量月球与行星的位置及角度的工具，是用6个摆放在相应位置上的带有刻度的圆环构成的。

在从事天文学研究的同时，哥白尼着手改革历法。1513年哥白尼接到改革历法国际委员会主席的邀请，要他参加改革方案的制订工作。不久以后，哥白尼把自己提出的历法改革方案寄给了该委员会主席，但他拒绝去意大利直接参加这一工作。他认为，只有准确了解太阳和月球的运行情况后，才有可能进行历法改革，而当时太阳和月球的运行规律尚在探讨之中。

鉴于对年、月以及太阳和月球运行轨道的长度尚缺乏精确计算，改革历法工作没有继续下去。30年以后，哥白尼在《天体运行论》一书中公布了自己的研究结果，这些结果成了1582年教皇格列高利十三世颁布以自己名字命名的格列高利历的基础。这个新历法取代了以前按照儒略恺撒指示制订的儒略历，一直沿用至今。

尽管有繁重的行政事务缠身，哥白尼仍然坚持进行天文研究。除撰写《浅说》外，他评论过丁·维尔纳的天文著作。维尔纳是一位杰出的数学家，他在1514年翻译出版了托勒密所著《地理学》第一卷，并

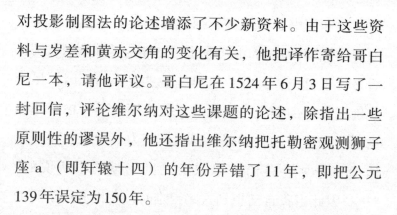

对投影制图法的论述增添了不少新资料。由于这些资料与岁差和黄赤交角的变化有关，他把译作寄给哥白尼一本，请他评议。哥白尼在1524年6月3日写了一封回信，评论维尔纳对这些课题的论述，除指出一些原则性的谬误外，他还指出维尔纳把托勒密观测狮子座 a（即轩辕十四）的年份弄错了11年，即把公元139年误定为150年。

在16世纪30年代初期，哥白尼的新理论已经开始在欧洲流传，红衣主教N·肯恩贝格于1536年11月1日在罗马给哥白尼写信，索取他的资料。这封信用肯定的态度谈到在日心说中日、地、月3个天体的位置。哥白尼把这封信保存下来，并在《天体运行论》卷首刊载。肖恩贝格的热情支持对哥白尼肯定是一个巨大的鼓舞。然而肖恩贝格在第二年就去世了，没有能够对《天体运行论》的出版发挥直接的赞助作用。

到了16世纪30年代后期，尽管《天体运行论》的撰写已接近完成，哥白尼却不愿意出版这部书。造成这个情况的原因甚为复杂。但有一点是清楚的，就是神甫会中的某些人，包括主教对哥白尼个人生活的无端指控，干扰了他平和的心境，使他在很长一段时间里情绪低落。另一个原因是虽然他花了至少18年进行观测，还用几年时间做计算，并在1535年编纂出新的星历表和历书，但他并不因此而满足。从《天体运行论》的底稿可以看出，他对1535年定出的若干数据，后来做了订正。此外，这可能是更重要的原因，尽管他确信自己的学说是正确的，但他不能不考虑传统偏见的巨大压力和人们普遍的接受能力，这表现在《天体运行论》卷首给教皇保罗三世的献词中所说的："……因此当我自己想到这些困难时，我担心由于我的见解的新奇和不自然所会引起的嘲弄，几乎说服我应当放弃我已经开始进行的工作。"

当哥白尼迟疑不决时，他的一些朋友和学生却热情地敦促和协助他早日出版《天体运行论》这部巨著。除上面提到的肖恩贝格外，T·吉兹也是一位热心人。吉兹是哥白尼在神甫会的同僚和最亲密的朋友，吉兹本人拥有一些天文仪器，并经常送给哥白尼使用，他赞赏哥白尼的天文工作。还有哥白尼唯一的学生，慕名从威丁堡远道而来的22岁的数学和天文学教授G·丁·雷蒂库斯，也为《天体运行论》的问世做出了贡献。雷蒂库斯结识了一位学术著作出版人H·裴崔阿斯，并劝说他出版《天体运行论》。从1539年5月到1541年9月，雷蒂库斯和哥白尼住在一起，协助他修订书稿。经过长期反复考虑后，哥白尼终于下定决心出版他的这部主要著作。

NICOLAI COPERNICI

net, in quo terram cum orbe lunari tanquam epicyclo contineri
diximus. Quinto loco Venus nono mense reducitur. Sextum
denique locum Mercurius tenet, octuaginta dierum spacio circu
currens. In medio uero omnium residet Sol. Quis enim in hoc

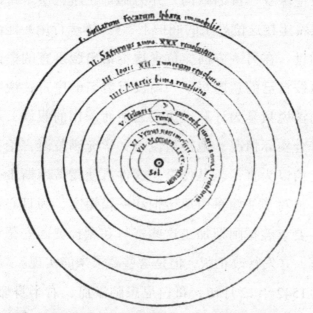

pulcherimo templo lampadem hanc in alio uel meliori loco po
neret, quàm unde totum simul possit illuminare? Siquidem non
inepte quidam lucernam mundi, alij mentem, alij rectorem uo-
cant. Trimegistus uisibilem Deum, Sophoclis Electra intuenté
omnia. Ita profecto tanquam in solio re gali Sol residens circum
agentem gubernat Astrorum familiam. Tellus quoq; minime
fraudatur lunari ministerio, sed ut Aristoteles de animalibus
ait, maximã Luna cũ terra cognationé habet. Concipit interea à
Sole terra, & impregnatur annuo partu. Inuenimus igitur sub
hac

天体运行论的书影

1542年5月，雷蒂库斯把《天体运行论》的一部完整的稿本寄给在纽伦堡的裴崔阿斯。排印工作在6月份就开始进行了。也是在这个月里，哥白尼撰写了给教皇保罗三世的献词，并另邮寄往纽伦堡。哥白尼显然希望在这位教皇的庇护下，《天体运行论》能够顺利问世。在另一方面，负责这本书出版事宜的奥西安德尔按自己的意愿写了一篇没有署名的序言，说明书中的学说只是为计算星历表之便而采用的假设，不一定符合实际情况。他甚至说天文学充满荒诞言论，谁要是信以为真，就是傻瓜。这件事使雷蒂库斯十分愤慨。他写了一篇哥白尼传记和一篇短文，为日心说辩护，要求裴崔阿斯加进这些资料和删掉奥西安德尔的序言，并发行改正版，但是这些要求未能实现。

1542年12月初，哥白尼患脑溢血，右半身瘫痪，几个月卧床不起。1543年5月24日，哥白尼在弥留之际，终于见到刚刚出版的《天体运行论》。但是实际上在这之前好些日子他已经丧失知觉，处于昏迷状态。也许他根本不知道这本书已出版。这确是哥白尼生命中的一大憾事，但无论如何，经历了长期的困扰和曲折，《天体运行论》这部划时代的巨著，终于出版问世了。

《天体运行论》用拉丁文写成，原稿并无书名，由出版者命名为《关于天球旋转的六卷集》，后人简称为《天体运行论》。除奥西安德尔杜撰的序言、肖恩贝格的信件和作者的献词外，这部书的主体共分六卷。第一卷是全书的精华，阐述日心地动学说的各种论证，解释四季循环的成因，并对球面三角学的内容做比较完整的叙述。第二卷用球面天文的方法来论述天体的视运动，卷末附有星表。第三卷讲解太阳的视运动和岁差。第四卷讨论月亮的运行，第五卷和第六卷叙述行星的运动。这本书于1543年在纽伦堡出版时，大约有两三百个排印错误，书末附有勘误表。从1566年起，这本书多次重印再版，并先后被译为德、英、法、俄、波兰、西班牙等多种文字在全世界各地出版。中文节译本于1973年由科学出版社出版。

在这部不朽的论著里，哥白尼首先对宇宙的尺度有了比较正确的认识。在古希腊时代，阿基米德认为地球半径与日地距离之比大致等于日地距离与地球——恒星距离之比。这意味着星星离我们不太遥远。但是哥白尼由天体视差的测量清楚地认识到，恒星极为遥远。因此他提出这样的不等式：日地距离比日星距离小于地球半径比日地距离。他在《天体运行论》中正确地指出："天比地大，大得无可比拟"。这样的论断扩大了人类的视野，把人类的宇宙观推进了一大

步，至于宇宙究竟是有限还是无限，哥白尼回避了这个问题，认为这不属于他的研究领域。当然，他这样做是经过深思熟虑的。一方面，他用自己的简陋仪器测不出恒星的视差，这使他相信宇宙"与无限是相似的"，但在另一方面，如果宇宙是无穷大，就无所谓何处是中心，日心学说也就没有意义了。在这种矛盾的情况下，他只好放弃对这个问题的正面答复。

其次，哥白尼指出，除周年公转和周日自转外，地球还有"第三种运动"，他称之为"赤纬运动"。这可说明如下：地球绕日运转的轨道面与天球的交线为

首版哥白尼的《天体运行论》，目前价值150万美元。

黄道，地球赤道面与天球相交成为赤道。黄道和赤道并不重合，而有大约23°30′的交角。它们的交点称为春分点和秋分点。在半年的时间里，地球从一个分点移动到另一个分点，这时它与赤道的距离（即赤纬）从零增加（或减少）到正（或负）23°30′，然后又回到零。以后半年的情况与此相似，只是赤纬变化的趋势相反。这些就构成哥白尼所说的"赤纬运动"，它是地动学说的一个重要概念，可用来解释地球上季节和昼夜长短的交替变化。

第三，哥白尼认为岁差现象由地球自转轴的方向变化所引起，可是他认为岁差的数值在做周期性的起伏变化。他还认为黄赤交角也有周期性变化，具体说来，是在23°52′和23°28′之间往返起伏，这与实际情况不符。

还有，哥白尼对行星相对位置的确定也是他的宇宙体系的一项重要内容。原来在哥白尼之前，人们一直不清楚水星和金星在苍穹中的位置。哥白尼由最大距角的测量首先明确指出，这两颗行星都是内行星，即是说它们绕日运行的轨道是在地球轨道之内。此外，他还了解到火星、木星和土星都是外行星，即它们的轨道都在地球轨道外面。哥白尼还由行星及地球绕太阳公转周期的长短，排列出它们绕日轨道的次序。这样一来，太阳系

内天体的位置分布就基本上清楚了。此外，考虑到地球的绕日运动，就容易了解外行星的逆行、留和圆圈形视运动。这些现象曾经使托勒密等古代天文学家感到困惑难解。正是哥白尼首先正确指出，它们都是地球运动所形成的表观现象。尤其值得一提的是，哥白尼在题为《天体的顺序》的第一卷第十章里提出的论断，它导致了当时世界观的革命。今天仍使我们惊讶的是，他竟然那么精确地计算出了太阳直径同围绕太阳旋转的行星直径的比例，那么精确地确定了各天体对太阳的顺序和它们围绕太阳旋转一周的时间。土星围绕太阳旋转一周的实际时间是29年又167天，而哥白尼的计算是30年，木星旋转一周的时间是11年又315天，哥白尼的计算是12年；火星旋转一周是1年又322天，哥白尼的计算是2年；地球旋转一周是一年，哥白尼也说是一年；金星旋转一周的实际时间是225天，哥白尼的计算是270天；水星旋转一周的实际时间是88天，哥白尼计算为80天等，这些修正的计算结果是借助精确的现代化仪器测定的，而当时哥白尼使用的是如上所述的极其简陋的器具。

最后值得提到的是，哥白尼关于宇宙中心的论述也有独到的见解。在他之前，地心学说认为地球的中心便是宇宙的中心，因此一切重物都往地心下坠。哥白尼否定了地心学说，在牛顿发现万有引力定律之前，对重力提出另一种概念。他认为宇宙间的重物各自落向本系统的中心，例如地面物体往地心坠落，月面物体落向月球中心。此外，在哥白尼的体系中，严格说来宇宙的中心是地球轨道的中心，这不是太阳，而是太阳附近的一个空白点。这也可以认为是哥白尼宇宙的一个意味深长的特色。

应当指出，上面谈到的几点不能概括哥白尼日心学说的全部内容，但已经足以说明，哥白尼用毕生心血创立的宇宙体系对人类的天文学革命和对自然的认识的意义是何等巨大。但是在《天体运行论》出版后几十年的时期内，哥白尼的理论很少受到人们的重视，这在很大程度上是由于奥西安德尔的序言迷惑了许多人，使他们误认为书中的内容只是编算星历表的一种方法，并不是什么正式的理论体系。尽管M·路德驳斥过这本书，罗马教廷并没有意识到它是一种威胁。到了16世纪末期，情况有了变化。哥白尼最早的权威性崇拜者之一是丹麦学者第谷·布拉赫，他在1584年把自己的学生派到弗龙堡，以便在那里考察验证哥白尼做过的一些计算，并收集了哥白尼的有关文物。

他曾经作诗赞颂哥白尼，并且在自己的观测站里悬挂哥白尼的画像。充分理解哥白尼学说意义的是德

　　第谷·布拉赫（1546年—1601年）：丹麦天文学家和占星学家。1572年11月11日第谷发现仙后座中的一颗新星，后来受腓特烈二世的邀请，在汶岛建造天堡观象台，经过20年的观测，第谷发现了许多新的天文现象。第谷·布拉赫曾提出一种介于地心说和日心说之间的宇宙结构体系，17世纪初传入中国后曾一度被接受。第谷所做的观测精度之高，是他同时代的人望尘莫及的。第谷编制的一部恒星表相当准确，至今仍然有价值。

　　乔尔丹诺·布鲁诺（1548年－1600年）：意大利哲学家和思想家。出生于意大利那不勒斯附近的诺拉镇。他幼年丧失父母，家境贫寒。布鲁诺的主要著作有《论无限宇宙和世界》，书中捍卫哥白尼的日心说，并明确指出："宇宙是无限大的"，"宇宙不仅是无限的，而且是物质的"。还著有《诺亚方舟》，抨击死抱《圣经》的学者。

国学者约翰尼斯·开普勒，他不仅理解而且又把它向前推进了一步，他发现并解释了地球的第三种运动。意大利思想家G·布鲁诺公开支持和宣传哥白尼的学说，造成很大影响。

因为布鲁诺不是用数学家的语言，而是用更广泛的社会阶层容易理解的哲学家的语言。这危及了基督教的思想统治，使当权派感到震惊和恐惧，教会把布鲁诺的宣传看成是巨大的危险，并对他采取了迫害行动。1592年，教会逮捕了布鲁诺。他被囚禁8年，始终坚持真理，不肯屈服，终于被判火刑，于1600年2月17日在罗马鲜花广场被烧死。

伟大的意大利物理学家G·伽利略也积极宣传哥

布鲁诺被烧死在火刑柱上

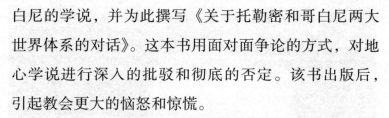

白尼的学说，并为此撰写《关于托勒密和哥白尼两大世界体系的对话》。这本书用面对面争论的方式，对地心学说进行深入的批驳和彻底的否定。该书出版后，引起教会更大的恼怒和惊慌。

1633年，宗教法庭宣判伽利略"有罪"，并加以囚禁。可是科学的真理是禁止不了的。尽管教会在1616年就把《天体运行论》列为禁书，但是经过开普勒、伽利略、I·牛顿等人的研究，哥白尼的学说不断得到充实和发展，恒星光行差和视差的发现使日心地动理论得到确凿的证明。哥白尼以其伟大贡献和光辉业绩而受到全世界人民的尊敬和景仰。在哥白尼去世将近300年之后的1822年9月25日，教皇庇护七世迫于该学说逐渐被证实的强大压力，终于颁布法令，将该书排除在禁书之外，准予印行。革命导师恩格斯在《自然辩证法》中评述哥白尼和《天体运行论》时指出："自然科学借以宣布其独立并且好像是重演路德焚烧教谕的革命行为，便是哥白尼那本不朽著作的出版，他用这本书（虽然是胆怯地而且可以说只在临终时）来向自然事物方面的教会权威挑战。从此自然科学便开始从神学中解放出来……科学的发展从此便大踏步地前进，……"这段寓意深刻的话，可以说是对哥白尼的最高评价。

现在，在充分肯定哥白尼的学术成就的同时，也

　　伽利略·伽利雷（1564年—1642年）：他是近代实验科学的先驱者，意大利文艺复兴后期伟大的天文学家、力学家、哲学家、物理学家、数学家，也是近代实验物理学的开拓者，被誉为"近代科学之父"。生于比萨，历史上他首先提出并证明了同物质同形状的两个重量不同的物体下降速度一样快，他反对教会的陈规旧俗，由此，他晚年受到教会迫害，并被终身监禁。

应指出他的学说有一定的局限性。这主要表现在他始终坚信天体运行的轨道是圆的，因为他认为圆形是完美与和谐的象征。由于受这种主观设想的约束，他对近日点、远日点和近地点、远地点的解释都很牵强。直到17世纪初期，开普勒发现行星运动三定律，人们才了解到天体运动的轨道不是圆，而是椭圆。这是古代天文学家包括哥白尼在内都无法超越的历史局限。此外，哥白尼的学说有一些内在的矛盾，例如他主张太阳静居于宇宙中心，其他天体绕太阳旋转，可是大量的恒星却静止不动。此外，地球和每颗行星都位于不同的天球上，可是为数众多的繁星却都属于同一个天球。对于这些结论，哥白尼都提不出有说服力的解释，因此，即使从当时的学术水平来衡量，哥白尼的学说也并非无懈可击。这从另一个方面说明，在哥白尼时代和他身居其中的环境里，还缺

→伽利略望远镜

乏一种正常的学术气氛和学术力量，孤军奋战的科学家的局限性不仅是个人的遗憾，更是时代的悲哀。

然而，值得庆幸的是，那一时代毕竟产生了哥白尼这样伟大的人物，他的光辉不仅照亮了沉郁的天空，更给后世带来了永恒的光明，因为，他献给人类的是他的智慧和真诚，是高尚的学术品质和对美好事业的献身精神，更重要的，它是真理！

尽管经过了长时间的沉默，但在他的祖国，人们从未把他遗忘。18世纪末波兰丧失独立后，哥白尼成了知识界爱国学者的象征，人们把他作为伟大的波兰人加以纪念。

拿破仑在托伦逗留期间曾向哥白尼表示敬意，他不仅参观了哥白尼的故居，而且要求市议会修复保存下来的哥白尼文物。

1830年，哥白尼纪念碑在华沙竖了起来，它巍然挺立，成为波兰人民的骄傲，也使波兰人民在艰难的被奴役时期想起了自己的伟大同胞。

希特勒占领时期，占领者在哥白尼纪念碑上挂了一个牌子，上面写道："哥白尼是最伟大的德国天文学家"，虽然有希特勒岗哨的监视，这块牌子还是很快被波兰地下联盟的士兵给摘掉了。

1854年，哥白尼诞辰400周年的时候，波兰首次

哥白尼博物馆

在华沙出版了哥白尼的著作，这是历史上第四次出版，而第二三次分别是于1566年和1617年在瑞士巴塞尔和荷兰的阿姆斯特丹出版的。这次出版的波兰文版把奥西安德尔的歪曲和篡改从哥白尼的著作中剔除掉了，从此世人才真正看到了哥白尼的原著。

1953年，哥白尼手稿经过400年的辗转，终于归还波兰，目前收藏在雅盖隆图书馆。

哥白尼，这位把罗马教皇和路德头上的天空砸得粉碎的勇士和学者，在人类信仰科学和真理的今天，终于可以安息了！

《儒略历》的误差

在哥白尼的时代，改革历法已经成为一个重大的问题，公元前46年沿用下来的儒略历，是以太阳在地球上连续两次过春分点所需要的时间间隔为基

《儒略历》制定者盖厄斯·儒略·凯撒

本单位，历年长度为 365.25 日，比回归年的长度 365.2422 日，要差 0.0078 日。这个误差年年累积下去，128 年便会差出整整一天。到了哥白尼的时代误差已经相当大，原来规定在 3 月 21 日的春分节，已经提早十天到来。于是这个问题引起了罗马教廷的重视。但是，在哥白尼看来，在还没有把年、月的长度以及太阳和月亮的运行规律搞清楚之前，要从根本上解决历法问题是有困难的。

牛顿对"日心说"的完善

当伽利略倒下的时候，他已经将哥白尼的学说推进到最后的胜利，因为正是他对力学的改造，使英国人牛顿根据这个线索终于获得行星运动的正确解释。当开普勒想用力学的思想去说明行星为什么在轨道上运行的时候，牛顿就认为必定有一种力量在推动它。等到伽利略发现了力学基本原理以后，牛顿感觉这种力量是太阳拖着行星的。牛顿的行星运动理论是以哥白尼的理论为基础的，而且他的理论不只应用于行星的运动，是推广到一切天体的。这种理论从那时起，一直为人承认至今日。

牛顿潜心研究了开普勒的行星运动定律，他是

　　艾萨克·牛顿（1643年—1727年）：英国伟大的数学家、物理学家、天文学家和自然哲学家，出生于英格兰林肯郡埃尔斯索普村。其研究领域包括了物理学、数学、天文学、神学、自然哲学和炼金术。牛顿的主要贡献有发明了微积分，发现了万有引力定律和经典力学，设计并实际制造了第一架反射式望远镜等等，被誉为人类历史上最伟大，最有影响力的科学家。为了纪念牛顿在经典力学方面的杰出成就，"牛顿"后来成为衡量力的大小的物理单位。

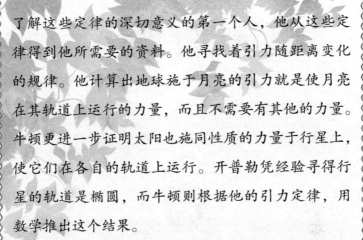

了解这些定律的深切意义的第一个人，他从这些定律得到他所需要的资料。他寻找着引力随距离变化的规律。他计算出地球施于月亮的引力就是使月亮在其轨道上运行的力量，而且不需要有其他的力量。牛顿更进一步证明太阳也施同性质的力量于行星上，使它们在各自的轨道上运行。开普勒凭经验寻得行星的轨道是椭圆，而牛顿则根据他的引力定律，用数学推出这个结果。

牛顿在行星运动的问题上做了20年的艰苦工作，最后他写成了一本千古不朽的巨著《自然哲学的数学原理》。这本书奠定了近代力学的基础，它表明哥白尼的行星系统是一个伟大的结构，在这种天体的结构下，彗星的神秘的飘荡运动也被证明为受着同样的定律的支配。经过多年的研究之后，牛顿终于将使苹果落地的力量、维持月亮在轨道上运行的力量，及一切天体互相吸引的力量都统一为一种力量。而且还证明这种力量产生于物质所共有的一种性质，因而才使宇宙里每一个质点和另外的质点互相吸引。这种引力的强度和所讨论的两个质点的质量及其间的距离有一个确定的关系。这种关系叫作"万有引力定律"。

哥白尼学说在中国

在中国，真正举起哥白尼旗帜的是清代著名天文学家李善兰，他在《谈天》一书中，对封建学者阮元反对哥白尼学说的态度，给予了强烈地批评。

李善兰：原名李心兰，字竟芳，号秋纫，别号壬叔。（1811年—1882年），是近代中国著名的数学、天文学、力学和植物学家，浙江海宁人。他创立了二次平方根的幂级数展开式，各种三角函数，反三角函数和对数函数的幂级数展开式，这是19世纪中国数学界最重大的成就。

他说："议者未尝精心考察，而拘牵经义，妄生议论，甚无谓也。古今谈天者莫善于子舆氏苟求其故之一语，西土盖善求其故者也。……哥白尼求其故，则知地球与五星皆绕日。……刻白尔（开普勒）求其故，则知五星与日之道，其行法面积与时恒有比例。然俱仅知其当然，而不知其所以然，奈端（牛顿）求其故，则以为皆重学之理也。……余与伟烈君所译《谈天》一书，皆主地动及椭圆立说，此二者之故不明，则此书不能读。"自此，哥白尼的日心学说才逐渐为中国人所认识。

真正的《天体运行论》

几百年来，发现的哥白尼《天体运行论》的手稿不下几个，然而全部都是被人篡改过的。直到19世纪中叶，在捷克布拉格一家图书馆里终于发现了《天体运行论》的原稿。据说这个原稿是雷蒂克从纽伦堡印刷厂要回来的。雷蒂克和他的学生保存了这份原稿，辗转流传所幸没有遗失。后来，为了纪念哥白尼即将诞辰400周年的时候，于1854年，这个手稿在波兰华沙首次付印，这已经是《天体运行论》的第4次应刷。至此，哥白尼的伟大学说才原

原本本同世人见面，才真正为人们所了解。

哥白尼的身后事

2004年，学术界人士开始搜寻哥白尼的遗骸，因为当年哥白尼辞世时，在弗龙堡大教堂安葬他的

哥白尼头像复原图

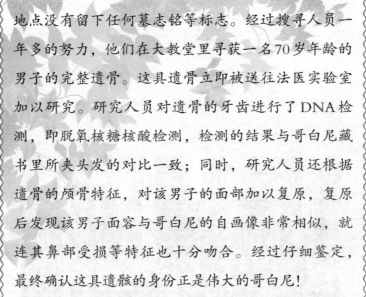

地点没有留下任何墓志铭等标志。经过搜寻人员一年多的努力，他们在大教堂里寻获一名70岁年龄的男子的完整遗骨。这具遗骨立即被送往法医实验室加以研究。研究人员对遗骨的牙齿进行了DNA检测，即脱氧核糖核酸检测，检测的结果与哥白尼藏书里所夹头发的对比一致；同时，研究人员还根据遗骨的颅骨特征，对该男子的面部加以复原，复原后发现该男子面容与哥白尼的自画像非常相似，就连其鼻部受损等特征也十分吻合。经过仔细鉴定，最终确认这具遗骸的身份正是伟大的哥白尼！

2010年5月22日，弗龙堡大教堂为哥白尼举行了隆重的重新下葬仪式。哥白尼遗骨由一具木质棺椁装殓，神职人员喷洒过圣水，抬棺人举起棺木穿过红砖砌成的教堂，把遗骨葬于教堂墓地。哥白尼的黑色花岗岩墓碑上装饰着太阳系天体运行图，那是6颗行星环绕金色太阳的图案。仪式举行过程中，神职人员亚采克·耶杰尔斯基说："今天的葬礼具有象征意义，显现科学与信仰的和解。"

"日心说"颠覆了传统观念中地球与太阳的主从关系，使人们的整个世界观发生重大变化。这一突破对伽利略和开普勒的工作是不可缺少的铺垫，后两者的发现又为艾萨克·牛顿发现万有引力定律奠定基础。今天，尼古拉·哥白尼这位把罗马教廷和路德教派头上的天空砸得粉碎的勇士和科学家，在人类信仰科学和真理的新时代，终于可以安息了！

弗龙堡大教堂为哥白尼举行重新下葬仪式